池上・二部曲

最美好的年代

李香誼／著

前言

第一章

後記

從一個人到一本書，從一個瞬間到一個永恆

前言

穿過田野的時代之聲

當我寫池上首部曲《看見池上．看見時代》時，我想著的是如何在鄉野中挖掘平凡人所經歷的大時代，想證明在鄉下也有不凡的故事。但越往裡走，採訪越多的池上人們，這種念頭逐漸轉變，這一切的重點其實在於去了解生存的本質，無關乎作爲的大或小，不和英雄事蹟做比較，我不再用主流歷史價値去掂量一篇生命故事的重要程度。收集這些池上人的聲音，是爲了呈現地方主體意識，這種主體意識，不是爲了挑戰或區隔些什麼，而是純粹呈現一種地方精神、一種讓鄉鎮運作起來的力量，以及各種關於生存在每個時代的不同視角。這段訪談與撰寫的過程，讓我往後再度閱讀名人專訪、傳記時，不再是過多莫名的崇拜，而是能漸漸地感受那些名人平凡的本質，因為平凡和偉大之間的界線，有時候其實很模糊。

這些故事的主角都是平常出現在我們生活周遭的各種人物，不論大人物或小人物，每個人都該有個專屬時刻訴說他們所看到的時代。某個層面而言，這是透過文字實現人人平等。在顛盪不安、出現各種新式風險的世代，需要透過生命的共同經驗來連結彼此、理解他人。這些故事全來自在這個鄉生活的人們，但這些生命經驗會超越地域空間，和我們的某個生命片段重疊，它談論的不再是只關於這個鄉間的人事物，而是連結到某個人，很可能是我們的家人、曾經的鄰居、某個在遠方的朋友，或者是我們自己。

人住久了，就有了故事。地方風情是由各種生活節奏交織而成，每個人會在他的生命歷程創造各種不同的關係網絡，所以地方故事不會是孤立的，一個人物故事本身就充滿延展性，同時為世界帶來不同的意象與意義。人人是一個故事，一個世界，它映照出一種世界觀，一種回應世界的視角。若將國際觀與在地觀置放於兩個極端，這種思考框架有時候是種干擾，世界不只遠在天邊，它也在我們身邊，國際與在地，有時不是那麼容易區分，世界的潮流總會透過各種方式，逐漸進入我們的日常生活各角。不管我們身處在「在地」還是「外地」，住在國際大都還是地方小鎮，有時會發覺最難以理解的是身邊的人事物。

鄉下的日子彷彿時光靜止，事實上是跟著時代悄悄推移，這裡的人們依舊要面臨時代帶來各種應接不暇的挑戰，面對現實是修練，如何回應時代更是門藝術。這本書裡的每個池上人，都引導我用不同的視角去理解生存是怎麼一回事。認識在地，是理解世界的途徑，無論這些人透過什麼方式、帶著什麼樣的形貌、在什麼地方生存，他們都與這個時代、與這個世界緊緊相繫。

第一章　鄉鎮如何運轉起來？——他們的事就是眾人之事

清潔隊不論烈日豪雨，總要跑完既定路線，清運各村垃圾。買書與文具的人就算變少，只要有需求，書局就會一直開著。收割季時的連日豪雨讓不少稻子倒伏，農民還是要好好收尾，這期不好，就望下期。印尼看護在酷熱的夏日堅守伊斯蘭齋戒月戒律，日間不飲水、不進食，仍得照常完成每日的工作。

這些行業的人們都是我認爲鄉間日常可見的美麗風景，可是當我眞正聽他們談起自己的生活與工作，旁觀者所見的美麗背後，是無止盡的重複與忙碌。他們必須忍耐、會倦怠、會想放假，有的人面臨時代的考驗、氣候異變的風險，或是社會的歧見，這或許才是美的本質，美麗的日常風景，源於日復一日的勞動與接二連三的生活難題。這些人總會提及每天慣行的工作，他們不覺得那是偉大的使命或是基於高遠的理想，只是爲了生存而必須去做，但每天慣行的工作，不知不覺就成了他人生命中的火光，成了日常不可或缺的一部分。他們不是商業類書籍雜誌所刊載的那種耀眼又成功的典範，但是一個個的平凡生活創造出不平凡的群體價值。這個社會終究還是站在這些平凡巨人的肩膀上，因爲他們才能繼續向前。

一個地方的文明深度，展現在平凡人們的日常話語。這些被訪談的人常不自覺嶄露一種頗具詩意的瞬間，總會不經意說出一些頗富哲理的話語，這一切皆誕生於慣常，是日復一日的重複勞動創造了一種精神上的永恆。各行各業的人對工作的覺悟化成在各種環節的堅持，形成一種此地此刻的專注。技術的研磨、眉角的拿捏、高度的專注與核心價值的堅持，是讓鄉鎮運轉起來的力量。

第二章　歷史的微光——活在歷史背面的人

榮民曾占了池上約四分之一的人口，如今剩沒幾位。本書所採訪的兩位榮民伯伯，都已經九十多歲。張華福伯伯個性謙和細心，而李銀廷伯伯豪爽剛毅。一位二等兵，一位上等兵，都曾在臺灣海峽與外島間駐防。他們在戰爭最前線，位階卻是最基層。張伯伯一輩子獨身，李伯伯成了家。成家的榮民，留下一些片段的回憶給孩子們，而無成家的，那些時代記憶就隨著他們進入榮民之家，然後永遠消逝。在池上住著一群活在歷史背面的人，他們的生命經驗不同於那些財權兼具的高階將領，他們的生命幅度被限制在戰地、石牆、農莊與工地之內，他們的聲音被堵絕在歷史之外。

至今訪談過的池上老兵，都是基層士官兵，最高階級是班長。他們在戰爭與戰地中飽受身心折磨，退伍後領了幾百塊，輾轉來到池上。兩位榮民伯伯的故事，讀來或許沉重，也沒有提到半點池上的迷人風土，但一個地方，不該忽略每種聲音和每道生命的微光。一個偉大的城鎮，不會刻意遮掩傷痛的過往，不會用美食與感官享受蓋住過往的血汗之聲，人們來此感受在地的活力，也走讀它的悲傷。

戰爭總會出現些英雄，越黑暗的時代，人性的美善就越顯地光亮，但大部分的人們仍會是隨波逐流，因爲多數的我們都不是那麼的勇敢與堅強，在困頓的環境中，眼光難以放遠，志向無法遠大，大部分的力氣是用來塡補那些生活中層出不窮的漏洞，只爲生存下去。我們無法自癒傷痕，更無法想到還能帶給誰光亮，每天光是勞動就已經精疲力盡，歷史都不是由這樣的人來創造。兩位士兵，不過就是當年隨著國民政府來臺，那六十萬大軍中的之二，但我們總要讓一些無力抵抗時代的人們來訴說他們所看見的那個時代，從基層的視角看見另一種時代脈絡，看見歷史的更多層次，因爲隨波逐流的人們，更能深刻體會夾雜在時代浪潮中的悲與喜。

這兩篇故事的重點不在國共內戰的歷史陳述，而是從基層士兵的視角，去窺見戰爭的本質，看到戰爭難民、基層士兵、勞工這三種身分是如何在張伯伯與李伯伯的生命軌跡中交疊。我們可以輕易地從各種管道知道一個歷史事件的來龍去脈，但我們無法知道人性在歷史事件的每個當下是如何推移與演變，一個不自覺的瞬間是如何改變他們的一生。戰爭是人間煉獄，而戰爭結束後的人生，又是另外一種殘酷。正義的論述是上層塑造出來的，上層一個決定，牽動幾十萬個基層士官兵的一輩子，他們在臺海防線間來來回回，終日在戰地血汗勞動，前方家鄉變成了敵營，後方人們不知道他們到底在前線經歷了些什麼，有著什麼樣的感覺。當年那些退役榮民輾轉來到池上定居，這是一段不該被輕描淡寫的過去，是一群不該被遺忘的人們。

第三章　最美好的年代——只有面對現實才能感受生命的美好

鄉下有很大一群女性，出生於民國二十年到五十年間，因為戰爭、貧困、或者性別，不是和學校無緣，就是很早離開學校。為了幫助家計，尚未成年就進入勞動市場，然後早早結婚生子。她們的生命軌跡和我這一代女性完全不同，臺灣中青代女性能接受更高等的教育、談幾場戀愛、體驗海外旅遊打工、嘗試幾個不同類型的工作，而這群媽媽們的童年通常很短暫，當母親的時間較早且長，當孩子成家立業，自己也老了，逐漸退出勞動市場，而臺灣已經是教育普及、青年知識分子普遍的社會。幾十年後再回到學校，接觸早年一直無緣的藝文，拿起畫筆，有些人一開始會羞赧於不識字、字寫得不好看。做了一輩子工，不管由不由得她們，將自己的人生奉獻給家人弟妹，她們遺憾當時沒法讀多少書，感嘆現在的女孩子好命又自主。

但這到底是美好的黃金年代，還是令人無力的年代？這本書記錄三位池上樂齡繪畫班媽媽們的故事，她們在年輕時是農業零工、鼎東客運的售票員、戲院老闆娘。三位媽媽見證半世紀的臺灣，參與了經濟起飛，她們從無到有，當他們年老時，也看到了年輕一代的無力。新時代無情淘汰一些事物，社會新增各種風險，這一代年輕人生於物質充裕的童年，卻在進入就業市場後不斷碰撞，「夢想」是中青世代幾乎每天在網路、媒體中見到的通俗字眼，也是現代人焦慮的來源，看到媒體不斷刊出成功的故事，看到那些成功者如何挽救危機再創高峰，就更深感焦慮與挫敗，但現實是，大部分的人仍會是一輩子與平凡共處。

與三位和我不同世代的女性談起生活與人生，最大的差別在於她們不大談論夢想與遠大的理念，個人夢想與夢想的實踐不是她們這一代女性的重大人生議題，但對於平凡的詮釋與體悟更加深刻，她們會平淡的告訴你，這是爲了養家，爲了賺錢，就是這樣。踏上一條路，很難回頭，沒意外的話，人生就是守著一家店、耕著幾塊田、養一個家。她們提供不同於當今主流社會所提倡的價值觀，好讓我們重新去理解關於活著這件事，重新看待我們所身處的時代。若和那一代女性的生命觀相互對照，或許我們這一世代高估了夢想的價值，也低估了平凡帶給我們的重要啓示。

池上樂齡繪畫班不只是高齡者的畫畫班，它是時代的產物。鄉下人口快速高齡化，推廣藝文活動的主要對象，並不能把這一群婆婆媽媽、歐吉桑們排除在外。有些成員童年時沒機會念書，現在爲了在畫上簽名，開始學寫自己的名字。八十四歲的吳阿親阿嬤說，她只念到小學四年級，之後二次世界大戰爆發，從此就沒再上學，現在還能來學校讀書，她要好好珍惜。七十一歲的玉修阿姨說：「整整四、五十年，才把自己的興趣重新找回來，你想這多麼珍貴。」八十一歲的玉蘭阿嬤說：「我人生最快樂的時候就是現在。」池上樂齡繪畫班如今走過第九年，人生沒有多少個九年，而這個九年，有繪畫與同學相伴，除非病痛，學員出席率一直很高。這個繪畫班沒有修業年限，他們可以不斷畫，直到從人生中「畢業」。

火車班次越來越多、汽車普及，越來越少人搭乘鼎東客運，當家家戶戶都有了彩色電視，五洲戲院歇業。一輩子當農業零工的玉蘭阿嬤說：「人就是這樣，不可能代代都那麼好。」三位樂齡繪畫班的媽媽們皆呈現「來者不拒，去者不追」的生存哲學，只有面對現實才能看見生命的美好。這是一個最好、最壞，或許也無關乎最好最壞的年代，繪畫與創作讓她們重新詮釋對生命的看法。生命中最燦爛的時光，可以是在老年。

兩位攝影者

這本書收錄了兩位在地攝影者的作品。拍攝農民吳瑞益割稻的當天，我清晨六點到達，農民們剛祭拜完，正在吃早餐，他們告訴我：「那位拍照的大哥比我們還早到。」吳家湵先生四點多就守在那了。

還記得前一晚，我只告訴他，想拍攝農夫割稻的情景，他簡單問了幾句，說了聲「好。」隔天，比誰都早到。他先用鏡頭記錄天光的變化，接著是未收割前的稻景、農民拜拜，然後動工收割第一塊田。他理解這片景，懂它的韻律，割稻不只是個動作，更是一種過程、一種旋律，它需要鋪陳。我在一旁四處移動，從各個角度看著農民割稻，也看著吳家湵先生拍攝，覺得他拍著別人的故事，自己也成了故事的一部分。

另一位攝影者是簡博襄先生，他拍下清潔隊員徐振洲值勤時的身影、印尼看護 Karsiti

與樂齡繪畫班的玉蘭阿嬤，他的人物作品將文字延伸到原本無法所及之處，總是提醒我不同的書寫視角與觀看層次。

每個攝影者都期待一個決定性的瞬間，但這種瞬間不是信手捻來，而是來自於耐心的等候、細膩的觀察、不計得失的鑽研，以及被拍攝者的信任。每個瞬間都源於恆久的鋪陳，所以瞬間也呈現了一種永恆之感。

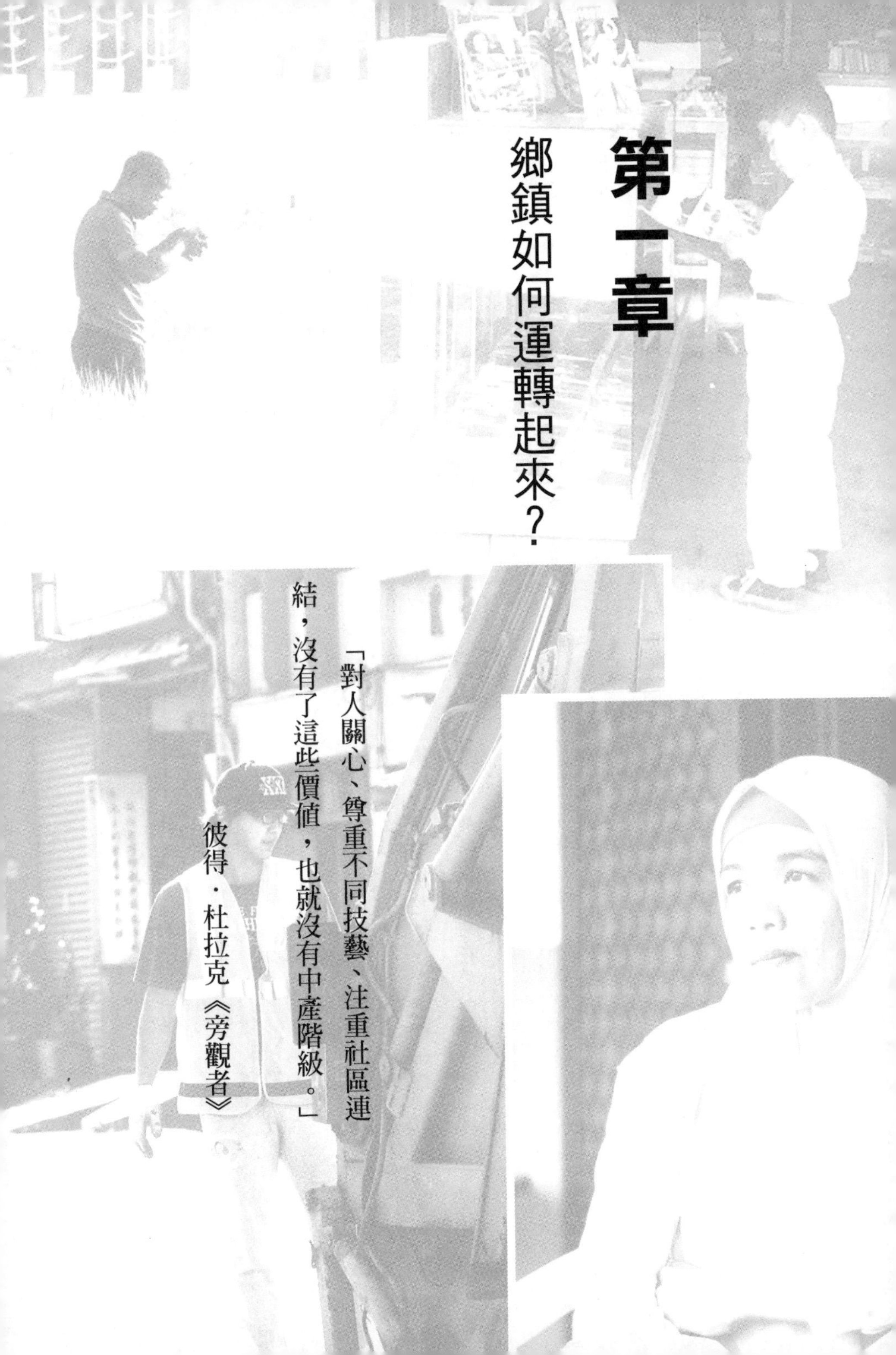

第一章

鄉鎮如何運轉起來？

「對人關心、尊重不同技藝、注重社區連結，沒有了這些價值，也就沒有中產階級。」

彼得・杜拉克《旁觀者》

鄉鎮之心・鄰里之眼——池上清潔隊

攝影／簡博襄

二〇一四年，柏林——布蘭登堡電視臺與德國之聲合作拍攝了一部紀錄片 *Worldwide Berlin*，透過德國之聲頻道於全世界六十多個國家放送，目的在於向全世界行銷柏林。

影片第一幕，德國柏林的布蘭登堡大門前，清晨六點，天還未亮，一位穿著螢光橘制服的清潔人員正清掃著大門前的廣場。

身後的布蘭登堡大門被耀眼的黃色燈光映照著，大門頂上的勝利女神，一手駕著四馬雙輪戰車，一手高舉著長矛豪氣地指向天空，但這一切都只是背景，第一個為國際大都形象代言的主角，不是知名地標，也不是明星政要，而是一位清潔人員，他已在柏林市清潔隊工作了二十五年。

「我的工作就是保持清潔，希望第一位出現在此的觀光客就能感受到潔淨，這就是為何我們大清早就開始工作。」

布蘭登堡大門是柏林的市標，也是東西德統一的象徵，它被印在德國歐元硬幣的其中一面，不只代表首都，也呈現一個國家的精神意象。大門曾在二次世界大戰間嚴重毀損，古蹟修復師與建築師重現它的昔日光彩，再打上光，大門更顯氣宇非凡。而清潔人員默默為這座象徵國家精神的宏偉建築再添上一筆，因為潔淨，更顯尊嚴。

城市文明的高度，展現在對第一線勞動者的重視。從最被大眾忽略的城市分工環節切入，*Worldwide Berlin* 在各國觀眾面前展現了一個大氣的開場，這個大都市沒有忘記是什麼讓它運轉起來，若沒有清潔隊員，城市的經濟與生活就會停滯，他們是城市文化的堅實基底，沒有他們，就沒有日常，沒有日常，就沒有風情。

從氣派的城市地標，到小型的鄉間慶典，清潔隊從不缺席。他們總出現在開場前和結束後，他們不會是任何重大場合的主角。眾人離去，狂歡回歸平靜，清潔隊才正要上場，運走垃圾後，最難處理的環節才正要開始。這種日復一日的勞動彷彿是一種低調的社會儀式，他們不斷淨化每個城市鄉鎮，讓它新陳代謝，讓一切回歸常軌。

池上一共八位清潔隊員，數位臨時人員，負責全鄉八千多人的廢棄物。兩臺垃圾車穿梭在大街小巷，見到需要協助的民眾，隨車人員縱身一躍，一把抓起成堆的垃圾袋，流利地轉身一拋，幾包垃圾順著圓滑的線條進了垃圾箱。跳上車，抓穩手把，打個手勢，司機開往下個點。分秒的掌控、眉角的拿捏、抓提垃圾袋那充滿力量的瞬間、與司機獨有的默契，我見識到一種完美又優雅的勞動節奏，這是這個鄉常常可見的美麗景象。

時間一到，少女的祈禱旋律響起，上路。垃圾車跑遍各村，不論晴天雨天，不論酷熱寒流，他們總是在路上，不只清運垃圾，也是這個高齡化鄉鎮的鄰里之眼，哪家老人今天突然沒出來丟垃圾，隨車人員不自覺望向那戶，投以一秒的眼神關照。

站在垃圾車後，收遍各家垃圾，也看遍各種人間風景。清潔隊員徐振洲說：「有的民眾家裡住著老中青，但往往都是老人出來丟垃圾，年輕人坐在家裡看電視、打電動。其實有些老年人行動已經很不便了，他們擔心丟不到垃圾，神情看起來很緊張。」

沒收垃圾時，就在回收場整理可回收資源，或者砍草、鋸樹、清掃髒亂路段。有時接獲通報，出動清理民眾違法傾倒在山林的垃圾，超乎想像的各種情況總會出現。颱風過後，出動機具清除傾倒的路樹、雜物和土石。我們日常的匆匆一瞥，是他們的日復一日。

總有許多如此的隱形勞動力讓社會順暢運作。垃圾清運不能延宕，但人力吃緊，隊員們都有個覺悟，不輕易請假。垃圾車的走停是數秒內的定奪，他們不能讓民眾等太久，面臨突發狀況得快速應變，同時要注意民眾與自己的安全，清潔隊隊長林翠雲說：「看到這些隊員們，我真的覺得當一個清潔隊員很不簡單。」

池上境內的所有垃圾目前被堆置在鄉內唯一的掩埋坑，但這個坑，總有被填滿的一天。隊長說：「每個人丟一個垃圾輕而易舉，但後端必須花上百倍、甚至千倍的成本去處理。」一切問題的根源在於民眾的垃圾分類習慣、大量消耗塑膠製品、垃圾量隨著觀光熱潮和各項大型活動賽事而增加，清潔隊在第一線處理著那個遲早被填滿的掩埋坑，而背後的民眾正以更快的速度製造新垃圾。

等掩埋場容納不下了，垃圾將被載往外地的焚化爐，然後換成底渣載回來置放。我們製造出來的垃圾，終究不會離我們太遠，它只是被轉換成另外一種形貌，耗費許多人力與資金，然後那些在外流浪的垃圾仍會再回來，被置放在離我們不遠的某處。二〇一七年七月一日，透明垃圾袋政策上路，八位清潔隊員的宣導、把關，讓每月垃圾量平均較去年少了三、四十噸。他們的事就是眾人之事，只有減塑、垃圾減量、人人貫徹垃圾分類是唯一的路。

十一月的一個週六下午，簡博襄先生拍下隨車人員徐振洲的工作身影。他低頭凝視，神情專注，散發出柔和但有張力的氣場，他抓著車子的握把站在車後，彷彿掌控著一臺戰車，指揮著一種旁人看不見的行進節奏。我想起柏林布蘭登堡大門上那座駕著戰車的勝利女神像，只是他手握的這臺戰車不是征戰後的勝利歸來，而是服務人群。他的身軀微朝向街邊，右手微張，呈準備之姿，但不是手握長矛，而是隨時準備接住下一包垃圾。熟練與專注不自覺化為流暢的動作線條，呈現出一個優雅的瞬間。

口述：林翠雲、徐振洲

（林翠雲：）我們的清潔隊員的是小而美，人不多，池上鄉人口八千二，每次值勤收垃圾的隊員總共八位。爲什麼收垃圾時間分下午、晚上？這主要是配合民眾的作息。池上鄉分成市區和外圍，市區做生意的人較多，所以除了休假日，每天都有垃圾車。外圍區務農人口居多，務農人早出晚歸，要是農民一大早出門了，根本遇不到垃圾車，所以外圍地區是星期一、四、六晚上，一定得趁晚上民眾在家時才去收垃圾。另外還有大坡村，是星期二、五的一大早。

垃圾車路線和時間的安排，主要是配合各村人們的作息，二來如果同時出動收全鄉垃圾，困難點在於清潔隊的人力不夠，車輛也不夠。垃圾車共有三臺，每天出動兩臺收垃圾，一臺是備用車輛。因爲垃圾車還滿老舊，垃圾清運又不能突然中斷，當一臺出狀況，那臺備用車馬上出動。

鄰里之眼

隊員垃圾收久了，就會知道哪一戶住著獨居老人、身障者或行動不便的民眾，這得靠隊員提報到隊本部，我們會特別做一個黑色的籃子，放在他們家門口，只要獨居老人把垃圾放在裡面，我們隊員都會跳下去收，再放回家門口。這是我們應該要做的，他們平常沿線這樣收垃圾，都會知道哪裡需要幫忙。

（徐振洲：）池上外圍區域出來丟垃圾的幾乎都是老人，有很多是獨居，其實現在很少見到年輕人出來丟垃圾。我們常常收垃圾，哪一戶住著老人家，或是有什麼特別狀況，我們都知道。例如一位長輩幾乎每天都會出來丟垃圾，今天沒有出來，我就會稍微瞄一下，想一下他今天怎麼了。跟車久了，大家慢慢都有這個習慣，多少會注意。有些行動不方便的人，特別有些人住的地方離垃圾車行經路線比較遠，我們都會跟他講，如果來不及，就提前把垃圾拿出來放，我們幫他處理。

垃圾清運

（林翠雲：）清潔隊分司機跟隨車，最基本也是最重要的工作就是垃圾清運。清運垃圾除非遇到颱風天停班停課，所有該收垃圾的時間不能延誤。我滿佩服我們隊員，即使臨時有事，他們也不會輕易請假。假設沒有公布停班停課，可是風雨還是很大，還是必須收垃圾，這是不能停的。他們很清楚，一停對民眾影響很大。不能說今天睡得比較晚、覺得很懶不想收垃圾，不行，或者說今天身體有點不舒服，也不能臨時請假，因爲人力吃緊，我沒辦法馬上調配人力代班，臨時也找不到雇工，所以他們都有這個體認，就算臨時有事或身體不舒服，還是必須上工。當清潔隊員，一定要有這個覺悟。

走停之間

司機跟隨車之間的默契要很夠，垃圾車前面都有螢幕，司機會看到車後面收垃圾的整個狀況，這一戶有什麼狀況，或隊員跳下來處理、提垃圾時，司機都會看到。後面隨車上車後會跟前面的司機打個手勢，搭配久了，彼此都很有默契。

（徐振洲：）司機不只是開車而已，還要同時注意很多事。行進速度是司機在控制，他們必須一直盯著右邊後照鏡，注意隨車人員的姿勢，我一揮手，表示好了，可以開動，所以停靠是司機決定，開車是後面的隨車決定。他們還要看著監視螢幕，注意車後面的各種狀況，例如有沒有民眾在後面追。有時司機請假，我會代班開車，覺得開車沒有比較輕鬆。

對隨車人員來講，我很怕民眾追車子，因爲有些人用衝的，幾乎每天都有人追垃圾車，跑的、騎車的都有。我不希望民眾在後面追，如果我按鈴通知司機停車，擔心那個人衝上來撞到垃圾車或跌倒，停也不是，繼續走也不是。有些人一手騎機車一手拿垃圾，我若停，怕他撞到，不停，又怕民眾生氣，有些民眾會很不諒解。

決定停或繼續走，這要看路段，若附近沒有其他人要丟垃圾，才可能停，若周圍有人，就等到下一個停車的位置。如果追著垃圾車的人年紀比較大，可能就自己跳下車幫他拿。所以隨車人員較常碰到的是腳部傷害，曾有其他隊員跳下車收垃圾時腳扭到，這都要自己注意。跟車久了，哪裡有坑洞，大概都知道。

有些街道兩邊都有住戶，有時對面的住戶錯過那邊的垃圾車，從對向走過來丟，但垃圾車都是靠右邊收，有些民眾沒丟到垃圾會生氣，認爲是司機故意不停，其實是司機沒看到。司機得注意監視器和右邊後照鏡，關注隨車人員的動作和後方狀況，所以通常不會看左邊的鏡子，但有些民眾就誤會了。其實最主要的原因是危險，之前有民眾到對向丟垃圾被車子撞到。

我會特別注意抱著小孩的父母，有的父母讓小孩手上拿個垃圾，可能是好玩，但這樣其實很危險，怕小孩子往後看到垃圾車覺得很有趣，自己衝出來。或者有些家長會帶著小孩來丟垃圾，我會擔心父母沒顧好孩子，趁爸媽丟垃圾時往前靠。

（林翠雲：）這個工作有些潛在風險，平常一定要小心。兩年前，池上清潔隊有位隨車人員在值勤時被酒駕者從後面追撞。池上有幾個路段比較危險，車速比較快、車子比較多，隊員必須保持警覺性，在值勤時一定要很專心，要耳聽八方、眼觀四方，隨時注意後面來車狀況，這是他們經年累月累積下來的技巧。

（徐振洲：）最危險的地段是臺九線外環道，車子比較多，車速比較快，加上那邊居民住得比較散，停靠點間有時離很遠，所以路線比較長，司機也會開比較快。隨車人員必須常常看後面，如果有些車子跟車跟很近，前面又有民眾要丟垃圾，就示意一下叫司機減速。

「明明是可以回收的資源，為什麼要讓它變成垃圾？」——透明垃圾袋政策上路

（林翠雲：）環保局今年七月分推了一個透明垃圾袋政策，爲什麼要使用透明垃圾袋？就是讓清潔隊一目了然垃圾有沒有做好分類，沒分類就是退垃圾。因爲以前垃圾分類、資源回收沒有做得很好，所以再用這次透明垃圾袋政策，一次把它做好。民眾沒有做好分類，清潔隊就拒收，幾天沒丟垃圾民眾就受不了了，不分類都不行，久了就會慢慢改進。這是必經過程，遲早要做，因爲臺東境內的垃圾遲早會爆量。

但政策歸政策，有沒有澈底執行才是重點。我覺得，要做就把它做好，明明是可以回收的資源，爲什麼要讓它變成垃圾？我自己很久以前就開始做資源回收垃圾分類，之後接了清潔隊長這個位置，剛好碰到這個政策，我就強力要求隊員，沒做好分類我們就拒收垃圾。

從七月一日政策開始的頭一個禮拜是最艱難的，我陪了隊員一個禮拜，垃圾車後面可以站兩個隨車人員，平常站一個，那時候我站另外一邊陪著他們，爲什麼要陪著他們？因爲一開始民眾多少會反彈，讓他們知道民眾有什麼狀況，他們就負責收垃圾、退垃圾就好了，即使民眾不滿投訴他們，隊長就在旁邊，給他們一個支持。

一開始民眾反彈很大，其實政策正式實施以前，我們已經宣導了四個月，只要各村有任何公眾活動都去宣導，但就算宣導工作已經做得很充足了，民眾還是有各種理由，當清潔隊不收他們的垃圾時，有時三字經什麼都來了。那時我就站在那，我跟隊員說，民眾怎麼罵，隨便他們，我們有禮貌地跟他們講：「不好意思，你沒有分類，我們不能收。」然後就走。我們口氣要和緩，不要跟民眾起衝突，但態度要堅定，一定要堅持，如果不堅持，前面做得那麼努力，就前功盡棄了。

我也是因爲這次跟著他們一起出勤收垃圾，才知道他們眞的很辛苦。站在第一線直接面對群眾的負面情緒，退了一百包垃圾，等於收到一百個負面情緒，心情無形中會受影響。我後來發現，當人跟人相處時，要是對方很好相處，說什麼都可以彼此理解，兩個相談甚歡，那種工作氛圍是很好的，可是今天從民眾那收到的都是負面情緒，自己必須做很大的心理建設。我印象很深刻，七月一號是禮拜六，還下著雨，那天下午我陪他們收市區的垃圾，退垃圾的狀況滿多的，可是隊員都還可以忍受。到了晚上，收外圍地區的垃圾時，我都不知道我們到底退了多少垃圾，一邊退，一邊民眾在罵。那天晚上回到家，又下著雨，接受一整天民眾的負面情緒，我自己都覺得快崩潰了。

整個政策下來，也還好有這些隊員們，才能做得更澈底。我每天對著他們講一講，可是挨家挨戶實際執行的是他們。這個政策要不是有隊員堅持，我想也不會成功。池上現在的垃圾量，跟去年同期相比，每個月平均減少三、四十噸左右，就是有這些最前線的人在把關。

也是因爲今年七月開始執行的透明垃圾袋政策，我跟隊員一起去收垃圾，發現他們技術都很好。即使是透明垃圾袋，如果有可回收垃圾藏在裡面，我看了老半天也看不出來，可是隊員經驗老到了，一包垃圾拿起來，一瞄或一捏，就知道裡面有沒有藏回收垃圾。

（徐振洲：）垃圾在丟的狀態下，稍微瞄一下，我會大概看垃圾袋外圍一圈，如果光外圍就看到一兩個鋁箔包、瓶瓶罐罐的話，代表裡面還有。如果裡面有玻璃瓶之類的，我會先挑出來。一包垃圾若藏有玻璃瓶或鐵罐，丟進垃圾箱會敲到車子，那種聲音很明顯。如果是寶特瓶、鋁箔包之類，要是可回收垃圾的數量沒超過三樣，狀況不要太誇張的話，我都是先口頭告誡，一直跟他講，他也會不好意思。其實跟民眾對話久了，會慢慢找到跟民眾應對的方式，對民眾委婉一點，他們態度通常也不會很差。從七月透明垃圾袋政策上路到現在，大部分民眾都會做垃圾分類了。

從第一線到後端——他們的事就是眾人之事

（林翠雲：）透明垃圾袋政策讓垃圾量減少，但同時資源回收量也增加，清潔隊的工作除了垃圾清運之外，收回來的可回收垃圾必須進行初步的整理，這對清潔隊而言也是很大的負擔。其實我還沒接清潔隊長這個職務之前，就是跟一般民眾想得一樣，不曉得我們每天製造的垃圾，到後面流到哪裡去了，然後就很隨意地製造垃圾，沒有想到後果。當我進來清潔隊我才知道，製造垃圾是很簡單的事，可是後端必須花好幾百倍，甚至幾千倍的力氣去處理這些垃圾，付出的各種代價眞的很大，那是民眾沒有辦法想像的。

其實民眾沒辦法想像也不能怪他們，因爲他們沒有機會去理解之後的各種環節。當你眞正接觸了，看見後面那一連串的實際狀況，就會提醒自己眞的少製造垃圾。池上只有一個掩埋場，唯一一個，鄉長說過，掩埋場眞的是我們池上的寶，沒有它，眞的會很艱苦，不知道垃圾要去哪裡。其他有焚化爐的縣市，也不會平白收我們的垃圾，這需要錢，要交換，目前來講，一公噸的垃圾載去外縣市的焚化爐燒，對方要求我們載一點八公噸的底渣回來。底渣有分幾種，有一種處理過的底渣叫再生粒料，可以做爲重大建設的地基，可是問題是我們臺東有那麼多重大建設可以埋這些嗎？一公噸的垃圾載去燒，帶一點八公噸的底渣回來，要怎麼處置？要堆哪裡？其實這非常不划算，可是目前沒有更好的辦法。目前池上鄉的垃圾還可以自己處理，可是我們的掩埋坑空間越來越小，到後來一樣會面臨這個處境。目前有些鄉鎮，垃圾都是運到高雄的焚化爐燒，有些鄉鎮的垃圾已經堆高了，池上的掩埋坑狀況好一點，還有空間，可是塡滿的速度眞的很快，原本設計的容量預估今年十月就要滿了，因爲我們很節省使用，再加上今年開始推行透明垃圾袋政策，要求資源回收做得更澈底，垃圾的累積速度有減緩，掩埋場的使用期限有延長，但我預估大概只能再撐一年。

民國一〇八年池上掩埋場會進行活化，因爲早期資源回收做得不是那麼澈底，所以我們要把三、四年以上的垃圾挖起來。挖起來後，可爛的早就爛了，可回收的把它挑出來，整理後變賣。這一切都需要人力，要花很多錢，但回收商願不願意收還是個問題，太髒他們也不收。再來就是剩下不會爛的垃圾，不會爛的垃圾什麼最多？塑膠製品、塑膠袋，一大堆，這些再用機器壓縮成塑膠方塊，一顆大概八、九百公斤，外面用包膜包住，然後堆疊起來，最後騰出來的空間，再來埋現在收進來的垃圾。那些方塊畢竟是垃圾，賣也不是，燒也不是，因爲這些垃圾含土量比較高，焚化爐一燒，容易壞掉，現在只好暫時堆放在路面。所以環保局還在想出路，大家都還在想出路，像臺東市的建農掩埋場目前大概堆了一萬顆，就這樣堆在掩埋場的地面，之後也不知道怎麼辦，只能先堆再說，一邊想辦法。我想一〇八年後，池上掩埋場可能也是這樣的狀況。

以這樣的後果來看，垃圾源頭不管控不行，如果資源回收做得澈底，哪還有什麼垃圾？假設每個人都能花點時間去關注一下，當大家資源回收做得很澈底，打開垃圾桶一看，剩下的是什麼？大部分就是塑膠類、塑膠袋，塑膠袋不會腐爛，它眞的對環境危害很大，也因爲這樣，環保署現在正在推減塑。只要資源回收、垃圾分類做得好，垃圾量其實少很多，而且也不會臭。我自己當清潔隊隊長，但因爲忙碌，又要接送小孩，常遇不到垃圾車，通常一個禮拜才丟一次垃圾，但我們家垃圾其實不會臭，只要做好分類，基本上垃圾不會臭，會發臭的主要是廚餘，廚餘就另外處理，打包好先放冰箱，鄉下有很多空地，自己挖洞埋，久了腐爛了，那塊地會變得很肥沃。

我自己做資源回收垃圾分類已經習慣了，若不做，心理會很過意不去，而且會很難過，其實那只是一個習慣的養成。池上民眾現在還比較沒辦法做到的是可回收物資在丟前先清洗過，例如用過的便當盒，不沖會發臭，可是很多民眾便當沒吃完，菜渣沒清掉，捆一捆就丟回收，這會造成後端處理的困難，畢竟後端的清潔人員還是得清理。其實這對民眾而言只是一個順手，要是臨時找不到水沖洗，用衛生紙擦一擦也好。或者是沒喝完的飲料，先倒掉再回收，如果直接丟回收箱，一樣會造成後端處理的困難，而且也會導致回收場、回收車發臭，其實這一切只需要一個隨手習慣的養成。

隊員在整理回收時要特別小心破掉的燈管、玻璃瓶，還有一些化學、重金屬汙染，例如老舊破損的電池，裡頭的有毒物質會流出來。農藥罐、玻璃瓶等回收物都會對清潔隊員的健康造成危害，所以清潔隊員每年要定期做健康檢查。現在正在向大家宣導，農藥罐、玻璃瓶、電池、燈管不要跟其他回收物放一起，另外弄成一包，拿給回收車隊員，隊員就知道裡面有易碎、有毒的回收物，好讓他們另外處理。這個舉動主要是保護清潔隊員，若是跟紙類、寶特瓶等參雜在一起，隊員就不容易分辨，在整理時容易受傷。

街道清潔

清掃街道也是清潔隊的業務範圍，可是我們隊員只有八位，一天大部分的工作時間都在收垃圾，其實沒有充分的時間清掃街道。像一些大城市的清潔隊還有分水溝班、街道班等等，可是池上鄉公所沒有專門清掃街道的人員配置。我們希望民眾平時就能很自發地把自己家門口周邊區域掃乾淨，畢竟這也是每天生活出入的空間。我們隊員有空的打掃時間就只有星期二、五早上，可是二、五早上未必有空，因爲他們一大早必須到大坡村收垃圾，二、五晚上又要收垃圾，其餘的時間，必須在掩埋場整理載回來的回收物，這些都需要大量人力。所以市區的環境維護，除非很需要出動隊員整理，不然就是哪裡有需要，另外聘臨時雇工。

全池上鄉最難維護的街道是臺九線外環道（忠孝路），尤其是中央分隔島。第一是車流量大、車速快，很危險。第二是分隔島上有很多垃圾，清下來要花滿久的時間，而且才剛清完馬上又有垃圾，草又長得快。分隔島上什麼垃圾都有，大多是檳榔渣、寶特瓶、菸蒂、飲料罐、鋁箔包，或許是開車經過的人，喝完了順手丟。

清掃中央分隔島一定要考慮清潔隊員的安全，祕訣是不要花太多時間，一次動用較多人力，因爲我們必須擺交通錐，一次就要把它做好，越短時間內完成越好。可是通常還是得花兩、三天以上，因爲要砍草、清掃，又要撿垃圾，目前最難維護的街道就是這裡。再來就是大坡池旁邊的仁愛路，那條路有好幾處空地，只要一砍草，裡面都是垃圾。垃圾類別也差不多，香菸、檳榔渣、寶特瓶、飲料罐，什麼都有，這個區域也是花了很多時間整理，可是隔段時間再去看，又變髒了。

人行道方面，比較髒亂的就是車站前面那條街，因爲遊客多，垃圾也多，菸蒂、檳榔渣、一般垃圾很多，因爲人力不足，必須常額外花錢請臨時雇工去清。十月鄉內辦了很多活動，遊客多，我就會特別加強注意這個區塊，可是通常早上才掃過，下午去看，又髒了。

池上有很多山林、山溝、邊坡，那是民眾偷倒垃圾的天堂，假設有人通報，一般的程序是先找出地主是誰，先請地主處理。但很多違法傾倒的地點都是國有地，這種情況，清潔的工作最後都落到清潔隊身上，這眞的很難清理，什麼垃圾都有。有次村長通知我們，某條小產業道路旁的荒地，有人偷倒垃圾。我和一位隊員去看，那景象眞的很恐怖，我無法想像人怎麼會把垃圾倒成那樣，沿路都是垃圾，工程、家庭垃圾什麼都有，發出難聞的惡臭。我跟隊員說：「我們去翻那些垃圾，看能不能找到是誰丟的。」

這位隊員拿個長棍子在那邊翻攪，一翻開，都是積很久的垃圾，蟲、蛆到處都是。我在旁邊看，聞到那個臭味，看到一條條又肥又大的蛆，我說：「我快受不了了，我不行了。」隊員每天接觸垃圾都不怕了，他很鎮定，繼續在那邊翻找證據。我說就算我們找到當事人，也沒辦法對他怎樣，因爲對方也可以辯解，說他不知道他家的垃圾爲什麼跑到那邊去，那不是他倒的，我們也沒辦法對他開單。除非當場抓到，或錄影、拍照，清楚拍到車牌、拍到對方偷倒垃圾，才有辦法成案。

最後還是鼻子摸一摸，自己清理，請隊員去掩埋場開鏟土機來，把垃圾鏟到車上，再載回掩埋場，不然怎麼辦？這些最終還是要清潔隊員處理。所以我覺得，這眞的是清潔隊員很辛苦的地方，這是一般民眾沒辦法想像的。民眾在製造垃圾是很容易的，可是大家有沒有想過後端處理的困境？製造出一公斤的垃圾，到底需要花多少成本來處理？

觀光潮與活動慶典

池上的觀光客數量增加，民宿、餐飲店、腳踏車店增加，然後垃圾量也明顯增加，連帶清潔隊的工作量增加，這是必然的。但其實只要店家配合做好垃圾分類，這些我們其實都可以做。當然也要教育觀光客，來到池上一定要隨手做好垃圾減量、垃圾分類。

鄉內各類慶典活動，是很多公部門課室的通力合作，是否出動清潔隊，得看活動性質。

例如元宵節的擔飯是各社區輪流主辦，環境清掃由社區的環保志工負責，事後垃圾清運由清潔隊來協助。而春耕野餐節，是鄉公所的農觀課跟縱管處合辦，活動前、活動中的場地整理，就是由農觀課處理，清潔隊主要是負責事後的垃圾清運。無論如何，製造出的廢棄物最後一定是進入鄉內的掩埋場。如果是公所自己主辦的大型活動，從事先的場地整理、活動間的垃圾處理，到最後的垃圾清運，清運也包含垃圾分類，這都是清潔隊一手包辦。例如每年的竹筏季就是池上鄉公所主辦，清潔隊得在場待命，活動結束後的場地清理，連我都下去掃了，因爲隊員還要照常收各村垃圾，人力不足，必須額外請臨時雇工。所以這得看活動性質，不一定全部都是清潔隊包辦，不然會超過負荷，因爲我們人力不夠，隊員每天大部分的時間都花在垃圾清運，沒有充裕的人力去負責這個區塊。

辦活動，最怕的是垃圾不分類，不做分類，就造成後端清潔隊的困擾。活動一般是團體機關辦的，如果分類沒做好，清潔隊強勢不收，就會破壞跟主辦單位之間的和諧，所以我有時會很困擾，到底收不收，心裡很掙扎，但我認爲這種東西就是慢慢要求，久了大家就習慣了。

元宵節繞境，沿路放鞭炮，主要是民眾自己清掃自己的家門口，清潔隊編制只有八位，絕對掃不完，當然事後的垃圾清運是一定要的，垃圾量也一定是暴增。地方慶典、辦大型活動是必要的，但相對地也會製造很多垃圾。辦越多活動，就是製造越多垃圾。其實我現在會有一種活動恐懼，不只大型活動，還有連假，例如中秋節、雙十連假，很多外地遊子回家聚餐烤肉，家家戶戶烤得很高興，可是大家高興的時候，垃圾分類就相對疏忽。事前我一直跟隊員說：「中秋節家家戶戶烤肉，沒做好垃圾分類，一樣要退運喔！」我一直千交代萬交代，不要我們前面做那麼辛苦，到後面前功盡棄。也的確，中秋節隔天隊員去收垃圾，也眞的退了不少垃圾。所以我現在很怕連假，因爲民眾的心理也可以理解，今天大家開開心心聚餐烤肉，還管什麼資源回收？眞的會這樣。尤其接下來就是元旦，再來是農曆年，都是我很害怕的節日。可是只要民眾養成資源回收、垃圾分類的習慣，隨手做並不會很困難，這只是一個習慣的養成。

（徐振洲：）一年當中垃圾量最多的就是過年期間，垃圾量大，車子行進速度較慢，平均多花兩個小時收垃圾。平日光市區部分，一臺車一天收的垃圾差不多一點五噸左右，過年期間大概三、四噸以上，比平常多出兩倍的量。不只量多，內容也比較雜亂，民眾一到連假，垃圾分類會比較疏忽，或許是有些出外人回鄉，可能原本垃圾分類的習慣沒那麼好。

最辛苦與最快樂

（林翠雲：）我很佩服我們的隊員們，如果我們每天所接觸的環境都是很美、很乾淨的事物，在這種氛圍下，工作心情是不是很好？可是隊員每天所接觸的就是垃圾，聞到的就是垃圾車的臭味，收來的垃圾載去掩埋場，倒到掩埋區前還要覆土，沒覆土前所看到的也是垃圾。每天看到、聞到、接觸到的都是環境最髒亂的地方。資源回收也一樣，因爲我們沒有要求民眾紙類歸紙類，什麼類歸什麼，我們也沒有多餘的車輛和人力去做到這樣，我們只要求民眾把回收垃圾收集好，清潔隊載回資源回收場後再細分，所以這些回收物從回收車上倒下來，眼睛所見的也是亂七八糟的景象。當人每天所接觸的環境都是這樣，會是什麼感覺？人的身心會變得怎樣？可是他們可以一直保持工作的動力，他們必須一直保持這樣的工作狀態。我有時早上會去資源回收場，一去就看到全鄉的廢棄物都集中在那邊，一大堆，心情開始不好，人若每天看，心情會好到哪裡去？回到家面對家人，會不會把這種心情帶回去？可是他們並不會被影響，他們清運垃圾、處理垃圾，內心也要有一種強大的淨化能力，所以我眞的覺得當個清潔隊員很不簡單。

（徐振洲：）大熱天曬習慣就好，最辛苦的是下雨天。如果穿雨衣，人又一直在活動，身體都悶在雨衣裡，會覺得很悶熱，所以我通常都不穿。小雨不需穿，眞的下大雨，穿雨衣還是淋溼。眼鏡溼了我也不會去擦，擦了沒多久又溼了，根本沒有用。全身都淋溼時，風一吹，就覺得很冷，可是也只能跟在車後吹風淋雨。

現在覺得能正常上下班就很開心了，這要看當天的垃圾量，通常星期一跟四垃圾量比較多，因爲前一天沒收垃圾。其實平常一直做重複性的工作，也會想放假，隨車人員一包一包丟，司機開車走走停停，也會倦怠，很煩時也沒有辦法，自己要調適。我們不能輕易請假，因爲代班人少，想請假要提早請，我通常半個月前就先請了，所以假期對我來說，是很珍貴的。

後記

隊長在文中提到那位拿著長棍，在民眾違法傾倒的垃圾堆中翻找證據的隊員，是我的小學同學阿瀚。記得小學五年級時，班導不希望每次都是所謂品學兼優的學生當模範生。那時的模範生，常常是班上第一名，又是班長。老師選了課業成績不怎樣但各項運動都一流的阿瀚上臺領模範生獎。那年，阿瀚的名字和自述被刊在臺東縣模範生名錄。當時模範生們常寫的興趣是彈琴、閱讀、畫畫，未來志願通常是老師、醫生等等。阿瀚的興趣欄寫著棒球、田徑，未來志願是運動員。他的自述在當時看來也非常有特色，那個年代的小學生，還會寫著努力用功讀書，將來好好孝順父母、對社會有貢獻之類的句子，而他寫了跟著父親去巡田、捉害蟲的事。這是那位級任老師為了孩子悄悄進行的一場迷你革命，只有等孩子們長大了才能體會。

阿瀚在小學最後一年的運動會中為班上贏得許多獎狀，大隊接力時，阿瀚接下最後一棒的那一剎那，全班更加激動尖叫，我們早知道會勝利，歡呼只是因為運動場上的他是如此耀眼。那年班上拿了全校各類競賽總成績第一名，三個月後，我們帶著這個美好的回憶離開小學校園。

二十年後，我們都步入中年，阿瀚沒有像當年所寫的成了運動員，而我終究也沒有成為研究員。清潔隊員這份工作，需要體力、耐性、高度的心理韌性，還有絕佳的身體協調性。中年後的我們，都沒有成為小時候希望成為的那種人，但還是在社會某個地方，運用這些特質繼續生存著。

某個晚間，阿瀚站在堆滿回收物的資源回收車上，接過我的回收垃圾，一邊笑著問候。望著老同學與回收車的背影，我想著離開小學校園後的我們是如何歷經人生的大洗牌，太多事不像小學時贏得一張獎狀那麼簡單。

垃圾車瀟灑的轉彎，往下個目標駛去。看著那臺為人們運走煩惱的黃色大車，家家户户了結一個重要的日常小事，店家保持潔淨的門面繼續做生意，社會上的各行各業所為我們做的，比我們想像得還要多。少女的祈禱仍在耳邊，不禁讚嘆，社會就是這樣運轉起來的。

書局第二代

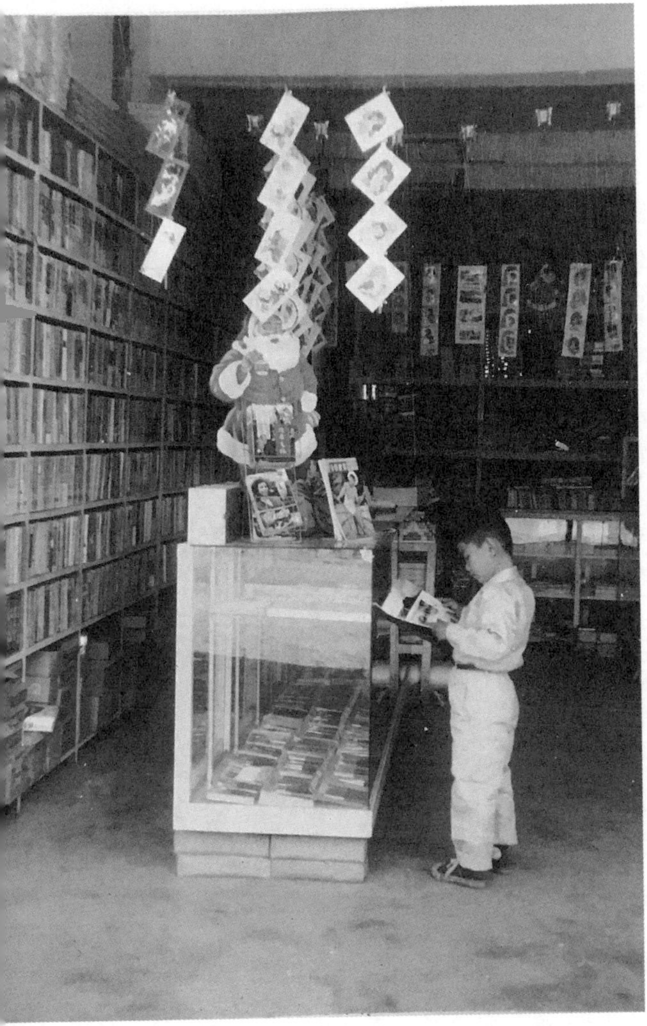

照片提供／簡博襄

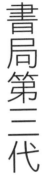

這個故事的主角是照片中的這位小男孩，池上書局第三代老闆。書局民國四十四年創立，第一代老闆簡生貴先是賣米、賣布，最後賣起書和文具，從此一賣傳三代。民國八十五年，第三代老闆簡博襄接手。

「到了鄉下，就能放鬆生活或者依賴老家嗎？不是的，是否保有像在都市、國外生活的標準要求自己？像在外地拼搏一樣的努力？選擇回到鄉下跟選擇待在大都市或國外的差別，在於你想把自己的所學施展在哪個地方，你回家，就是選擇把自己的所學施展在這裡。重點是，在老家、或來到鄉下，是不是拿得出像在外地時一樣的努力與用心？」

並不是到了鄉下就可以不夠努力了，不是說回到家鄉自我要求的標準就可以降低了，我們有沒有拿出在外地時的態度在家鄉繼續堅持？

簡博襄小學六年級就離開家鄉，成年後一直在都市工作生活。剛結婚沒多久，就從臺北回鄉接手第二代老闆簡壽棟傳下來的店，從此夫婦倆一直經營這個小書局至今。像這樣的人物題材，常用「毅然決然」這個詞來形容，然而問起當年決定搬回家鄉的心情，他說：「關於回鄉，我沒有什麼毅然決然。」已經在都會生活那麼多年，是否適應鄉下生活？他回答的淡定：「我在外面也可以，回來也可以，去哪裡都可以。」

簡家八個兄弟姊妹，最後接了店的，是當年最早離家的孩子。或許是第三代老闆心內聽到了不同的鼓聲，也或者是書局預知即將面臨的命運，自己找上了命定之人，去完成一個誰也無法預知的神祕任務。它挑上當年那位在颱風過後，鐵路中斷，淡定走過顛簸路段的小孩，無論未來書店業如何顛盪，也要以如此鎮定地姿態走過。

但是，「這也不是什麼使命感，沒有那麼偉大。」老闆說，他接下書局，因為這間鄉下書局還是有繼續下去的必要，沒必要收掉，這是一個文化事業，而「文化這種東西，不會因為人口少就消失了。」

理解你所處的時代，儘管有時候不是那麼喜歡它

書市萎縮、大型連鎖書店興起、電商普及、鄉下人口不斷流失，社會變遷接二連三衝擊書店業，身為書局老闆，是否有想要力挽狂瀾的想法？老闆說：「沒有用吧！」除非回到過去，家家戶戶都有好幾個孩子，網路與大賣場再度消失，書店才會回到往昔的繁榮光景，但這是不可能的事。我們無法對抗時代潮流，因為它已經不知不覺地進入生

活的各個細節。不過，「不用特別為了這個而感到悲觀。」碰到了，繼續往前走就是，不把精力耗費在無法控制的事物上，也不把理想建立在妄想之上，認真理解你所處的時代，雖然不見得喜歡它，然後用務實的思維回應它。清楚自己的定位，確認這家店到底是為誰服務，不管時代如何轉變，不能失去在地性，要貼合在地人的需求。老闆說，池上書局從成立到現在，最重要的就是服務在地人。

與地方共存共生：只要有孩童，就需要文具，只要有農民，就需要農民曆

池上書局不大符合一般人對獨立書店的標準想像，它賣書又賣文具，每年書籍銷售排行榜冠軍是農民曆，其次是字典、汽機車考照手冊等工具書。「白先勇的小說和農民曆，都是書。」這是一家沒有階級色彩的書店，如同知識與文藝不該有階級之分。從池上書局買來的記事本，放在農民的貨車與口袋中，記下每天的務農日誌，社區老人在每頁寫上繼續被傳唱的老歌謠，孩子習字、演算，一本練習簿，旁邊就一定會有枝筆與橡皮擦，文具是帶領我們靠近知識，同時創造知識的媒介。行動不便、無法遠行又不知如

何網購的高齡者們可以在這裡購得日常所需文具，這家店是文化與社會的節點，與地方人們彼此需要，這是池上書局走過三代，最重要的核心價值。

「老闆有沒有郵票？」「有沒有參考書？」就算世間瞬息萬變，也有一些是恆久不變。在書店採訪的那個下午，幾個小孩成群來買小記事本，老闆跟他們說：「買這個有送一枝筆」，拿出一個裝著各色原子筆的桶子讓孩子們挑。幾位父母帶著孩子來書局買文具、詢問有沒有參考書、練習本，那個情景，宛如三十年前的父親與自己。三十年前，三十年後，時代轉變很大，但有些景象是不斷重複的。紙本書銷售量變少，但它不會完全消失，總歸還是有熱愛它的人。這個鄉的人口如何減少，但家長、學生還在，農民還在，永遠都會有父母帶著孩子來書局買練習簿、筆、和橡皮擦。有時旁邊跟著一個更小、還不識字的孩子，等他再大一點上學了，爸爸也會帶著他來這裡買文具。社會變遷讓許多鄉間書店紛紛歇業，但或許老闆看到的是這種永遠不會改變的事物。它穿透時代的界限，無關乎所謂新潮或落伍，因為它始終源於人性本能。時代面容不同，但人性不變，父母關注孩子學習的心情不變。老闆說，只要還有需求，池上書局就會一直開著。

給孩子們的小閣樓——理性設計離不開感性思維

簡博襄是公東高工校友，公東的技職教育，對老闆個人、對書局的風格打造影響深遠。務實、精準與紀律是公東教育的核心精神，技職教育培養的是手腦並用的能力，讓創造力透過各種手作技術具體呈現。

書局店面微向後退，中間的小空間鋪上石階，旁邊安上一個雅緻的小水器，種點花草，成了商店街上的一點綠。老闆說：「店面退後是為了展現層次」，它是人們踏入店前一個心靈轉換的空間，是天雨時腳踏車的藏身之處，同時體貼查水錶的人，以免在店休時被擋在門外。

進入店裡，就可看到一個小閣樓。當年書店業景氣轉差，家計入不敷出，老闆得再度上臺北工作。這個小閣樓，是上臺北前特地為孩子們打造的小天地，方便太太顧店時能照看小孩寫作業，同時讓孩子們不受生意場所打擾。老闆說，這一切主要是務實考量。

書局空間布滿務實的線條，實則埋藏著細緻與感性。能有效發揮功能的務實設計，不可能沒有感性的思維。認真思考使用者需求與方便他人的過程，本身就是種感性。務實、精準與紀律不只是公東技職教育的精神，也是美感的基本要素。而源源不絕的創造力，來自於想要解決他人問題、方便他人的體貼之心。

有書店的鄉鎮，和沒有書店的鄉鎮，到底有沒有差別？

「如果今天突然沒有郵局了，就會造成很多困擾，但今天要是書局消失了，也不會是什麼天大的事情，那就去別的地方買就好了。但對我來講，我當然是不會收掉。」

關鍵往往藏在一般人察覺不出的細微差異，它常被誤認為可有可無。即使網購興起、賣場一家家開、少子化、鄉間人口外流，連帶讓這間傳統書局的收入減少，但池上書局一直是推廣地方文藝的重要節點。它是臺灣好基金會的駐地聯絡點，是池上文化藝術協會、地方社區工作者、教育工作者、文藝愛好者交流討論的重要場所。談到公東技職教育時，簡博襄提到了「公差」：「公差設定越精細就表示這個部分的精準度必須更高，也就是最需要注意、力道必須控制得更好的地方……這個地方就是關鍵。」我想起那句流傳於工匠間的老諺語：「一個鏈條的堅固程度取決於最薄的環節。」池上書局作為推廣文藝的地方小節點，是形塑地方精神與凝聚文化意志的關鍵，猶如精細的公差決定一個成品的美與堅實，因為細微成就強大，無形創造有形。

池上書局是店，是家，是這個鄉不可或缺的一部分，它的存在為地方注入一股寧靜的革新力量。一間傳統小店承傳三代不容易，在飄盪不斷變遷的社會價值中維持定靜不容易，回應觀光需求同時保持在地生活節奏也很不容易。氣質看起來淡定的簡博襄先生到底是抱著什麼樣的心情走過書店業的起伏，產業景氣漲了又跌，商業模式不斷變換，或許他看到的不是時代浪潮帶來多少的顛盪，而是源於人類社會最基底，那自始至終不變的永恆。

口述：簡博襄

民國五十六年，我七歲，書局搬到現在這個位址。當時店裡還沒有廚房，一家大小得輪流回老家用餐。放學後，我都會先來書局，在店裡翻翻書。

我國小六年級就到臺東市念書，當初父母是想，要是家裡有點能力，臺東市的讀書環境比較好。其實我沒有什麼想法，家長說去那邊念，我就去了。也不會想拒絕，但也不知道去那裡的理由，還是搞不清楚狀況，人家說什麼就做什麼。也沒有想說父母讓我去那邊，就應該要特別勤奮用功，所以也沒有念得很好，但也沒有變壞，就是個很普通的孩子。

獨自搭一個半到兩個小時的火車到臺東市，從火車站再徒步半個小時到親戚家，這中間經歷過一些對小孩來講是很可怕的事情。有次颱風天，火車只開到鹿野，鹿野站和初鹿站之間的鐵路中斷，所有乘客都要下車改用走的。那時只有我一個小朋友，其他都是大人，就這樣跟著大人走。不知道要走多遠，也不知道怕，也不會緊張，因為不知道會出什麼狀況，就算想求救也沒有什麼好求救的，就這樣傻傻地跟著。

在臺東市念完國中，想到升學，因為成績不是說頂好，覺得好像沒必要去跟人家擠大學，所以選擇進入職業學校，去念公東高工，學個一技之長，畢業後就一直在外地工作。後來爸爸打算退休，考慮到這個店該怎麼辦，收起來還是頂掉？畢竟是養活一家子的店，家裡經濟全靠這間店，照理講爸爸會有那個心態，希望由自己小孩來接，希望它再延續下去。那時家裡每個兄弟姊妹都有自己的工作，每個孩子的想法個性都不一樣，到底誰適合？以前我們家跟書局是分開的，兄弟姊妹中我最常待在書局，小學放學、國中放假回家時常幫忙看店，比較熟習這個部分。也可能對閱讀比較有興趣吧！因爲待得住，表示喜歡看書。

那時我也很猶豫，才剛結婚，太太不見得想回來，我們當時都在臺北上班，把都市的工作放掉，回到這個鄉下地方，在臺北市是兩個人的收入，回來是兩個人一起顧一間店，收入會不會落差太大？

以當時的狀況來講，書局的生意還是不錯的，如果是這十年的狀況，可能會想最好就不要回來了，景氣那麼差。我當時考慮在臺北的收入，跟我回來的收入不會落差太大，未來誰好誰壞還說不清，權衡之下，覺得回來只有地域不一樣的差別而已。我國小六年級後一直都在外，換到哪個地方生活對我來講都不會有太大的問題，當時的工作也不是放不下手，城鄉落差、能否適應，這些對我而言不是問題。我太太當時是習慣都會生活的人，得考慮她願不願意跟著回來。太太當時答應讓我回來，但她自己要緩衝兩年。

返鄉不是毅然決然

回來接手的原因，第一是經濟，第二是它是性質，書局是文化事業，我覺得有延續下去的價值，假設不是書局，可能會考慮不見得要回來接。但這也不是什麼使命感，沒有那麼偉大。

關於回鄉，我沒有什麼毅然決然，毅然決然這個詞不會在我這邊出現。我們那個年代的人，對返鄉的掙扎不會那麼大，爲什麼現在許多返鄉青年會有適應的問題？我想其中一個原因是下一代的人沒有經歷過我們那年代經濟比較差的成長環境，就沒有辦法去比較好壞。我小學時什麼都很拮据，身上什麼東西都沒有，但我們還是過得很快樂。即使長大後，手邊掉了什麼東西，我也不會感到有點失落，因爲我們以前也是這樣子。我們這一代經歷過那段時間，活到這把年紀，不會因爲失去什麼東西而感到惋惜、覺得心理不平衡，因爲我們以前也沒有得到過什麼東西。

我回到鄉下完全沒有適應問題，也不會覺得鄉下無聊，因爲我的興趣是多元的，從來不會覺得沒事做。移居對我來講，不是問題，我到哪裡，就會適應那邊的生活。這種特質不是特別訓練出來的，不是因爲從小把我丟到外面，強迫我在外面生活，而是很順理成章地適應外面的生活。我在外面也可以，回來也可以，去哪裡都可以，對任何生活環境，很快就可以適應。比如說在臺北，我馬上就習慣都會的生活，到鄉下、甚至更鄉下的地方，就可以適應鄉下的生活。藝文活動多寡、風俗民情這些對我來講都不是問題。對我而言，各種環境都有這樣的人，你不用去在意你是怎樣的人，也不要把自己塑造成「我是怎樣的人」，那就會把自己綁死，「我就是都會區的人」、「在鄉下我就是不習慣」那會很痛苦。因爲世界並不是你眼前看到的這兩種而已，有更慘的、更好的，在世界上有更落後的國家，那些人怎麼辦？他們怎麼生活？萬一他們都很鄙視自己的環境，覺得爲什麼別人可以過得那麼好？爲什麼我們就那麼差？日子怎麼過？但落後國家也是這樣在過，先進國家也是這樣在過，他們不會因爲底下有落後的人，就很心虛、很過意不去，「人家那麼落後，但我們爲什麼吃得那麼好、住得那麼好？」也沒有，他們還是過著一樣的生活。人也一樣，從小我的想法就是，每一個人都有獨特的個性、獨特的環境背景、家族基因，所以塑造成不一樣的每個人。既然每個人都不一樣，就不要硬去塑造自己一定要成爲什麼樣的人，然後一定要去鄙視什麼樣的人，你永遠沒辦法去比較這些事情。

書市衰退與人口老化

因爲大環境的關係，不只書局這個行業，很多傳統產業在這十年逐漸沒落。傳統商店主要是倚靠當地人的消費，因爲連鎖店、超商、網購出現，都沒落了。科技革新改變商業和消費模式，這無可厚非，不能怪誰，不是政府的錯、特定誰的錯，沒有，整個大環境是這樣子，包括少子化，這是大環境造成的。最近十年，新興行業陸續出現，相對地造成我們這種傳統產業沒落，這是必然的。即使傳統產業要轉型，大家都在努力，眞的要成功，也不是說沒有，但畢竟不是那麼容易。政府透過各種補助政策鼓勵民眾讀書，這都不能解決書局沒落的根本問題，只要連鎖書店一出現，小書店就一家一家關，後來連鎖書店也慢慢收，因爲被網路書店吃掉了，所以這是時代趨勢的轉換。以書局、獨立書店來講，現在是傾向於複合式經營，但問題關鍵也不在這裡。也不是用複合式，就能恢復到以前的盛況，因爲大環境已經把過去那種書局林立的環境條件都破壞掉了。除非恢復到每家都有很多小孩、鄉下人口數再次變多、大賣場和網路再次消失、書局都是賣書、雜貨店就是賣雜貨、什麼店就專門賣什麼，就是讓一切恢復到以前，而且這種條件不能改變，才有辦法延續。但這是不可能的，因爲進步就是進步，時代就是會一直新陳代謝，當新的行業出現，舊的就一定會淘汰掉，所以也不是連鎖書店、網路書店的錯，這是市場機制，不能要它們別開。除非世界退回二十年，才有辦法恢復到那時的光景，不然你就要接受現代化。先認清這個現實，否則就是吃力不討好。

對鄉下書局來講，眞正衝擊這家書店最主要的原因，第一是少子化，學生人數變少，第二就是消費型態改變，大賣場、便利超商、網路上都可以買到書和文具，不見得要來書局買。就算現在小孩讀書寫字還是需要文具，但消費人數變少，以往是十個人進來買，現在變成兩個人進來買，等於少了八個人的收入。

池上書局與其說是獨立書店，不如說是被孤立的書店，因爲對圖書經銷商來講，這些鄉下書局只是負擔而已。十年前還會有點利潤，因爲十幾年前超商還沒進入池上，網購也還沒那麼蓬勃，所以想買雜誌和書的在地人還是會來書局。慢慢地消費型態改變了，這些用品在其他地方都買得到，才開始眞正地衝擊到書局。

池上的改變

池上這二十年來最大的改變主要是少子化、人口變少，出去的人遠比回來的人多。這一兩年好像比較少人出去了，因爲沒有人好出去了，沒人了呀！而且也沒有什麼出去的理由了。或許看看這一兩年有沒有回來的人，但我覺得有限，回來的人再怎麼多，也比不過之前流失的。反而現在要看移居的人會不會變多，很多退休的人來這邊定居，慢慢從短期變成長期，這種人口會慢慢增加，不過增加有限，因爲來這裡租房子、買地都變貴了，不是那麼容易，除非是經濟能力很好的人。所以人口要補回來，我覺得短時間內還是無法，就算回來跟移居的人慢慢成長，也不可能回到民國七十幾年時的盛況。人口眞的要補回來，除非是把池上塑造成一個觀光導向的小鎮，就像國外那種人口只有幾千人，每天有數十倍的觀光客進去，觀光客遠超過本地人口數，但我們又不傾向於這樣。池上許多在地人不希望未來的池上被塑造成一個完全觀光導向的鄉鎮，因爲這會影響到在地人的生活，爲了迎合觀光客，什麼都爲了觀光客、觀光客、觀光客，而失去了自己，不再爲自己而活，也失去了待在池上最終的目的。我覺得池上人會從觀光與生活中找到平衡，因爲池上人很克制地在經營這個區塊，有些生意好的店，不會為了特別迎合觀光客去擴大營業，它反而會覺得這是負擔、是壓力，讓他們沒辦法好好生活。

是獨立書店更是傳統鄉下書局

鄉下書店跟一般大眾所認知的獨立書店還是有點不同，在鄉下開書局，該扮演什麼樣的角色，這點要先弄清楚。因為池上書局位在鄉下，服務對象要包括全鄉鄉民，要以在地對象為主，所以鄉下書局服務的對象有別於一般人認知的獨立書店，例如都會地區的書店可以有各自的類別與特色，讀者可去誠品書店找到想要的東西，而有些東西只有獨立書店才有。

池上書局每年書籍銷售排行榜冠軍是農民曆，第二名是學生字典，接下來就是考汽機車駕照這類工具書。與其說池上書局是獨立書店，不如說它就是一個傳統的鄉下書局，提供在地人所需的文具，還有一些很基本的圖書，最基本的就是工具書，例如農民需要農民曆，他們不會特地上網買，學生需要字典，開學時要訂個參考書，雖然參考書因為學生人數變少，銷量就變少了。現在眞的想閱讀的人可以去圖書館，藏書更多，又有新書，不見得要來書局，但在地學生總是需要一個文具店，只要還有學生，文具店還是會再開，只要還有農民，就一定有人買農民曆，只要有觀光客來，就會提供一些觀光客會想閱讀的書，這些需求一定會在，有需求就會提出一些供給。

若池上書局被限定於一般認知的獨立書店，功能上就會有侷限，因爲小朋友、在地的老人家不會自己去獨立書店。一般人多少會有個刻板印象，認爲獨立書店只有特定的族群才會去逛，只有特定族群才會對獨立書店有興趣，但這不是書局最初成立的宗旨。雖然外界賦予我們獨立書店的形象，但我們不希望被清楚劃定成「啊，這就是一間獨立書店！」當這間店被歸類成一個很鮮明、很特定的身分時，在地人或許就會想：「那個是獨立書店，我要去買文具、買工具書，那裡應該不會有啦！獨立書店會有農民曆嗎？」反而最初想要服務的人就被排除在外了，對不對？那就不是當初成立書局的目的了。今天一個歐吉桑想跑來這邊買書，可能就猶豫了，覺得他好像不是屬於這裡的人，這裡不是賣書嗎？他們想買的也算是書啊！這裡不是書店嗎？不論外界賦予這間店什麼樣的定義，它的本質就是書店，這些人想要買的東西也同樣叫做書，白先勇的小說跟農民曆都是書，爲什麼只有一些人可以進來這間書店？這樣就已經把一些人排開了。

我不希望這間書局被設定成一個只有文藝愛好者、文青能來的場所，它本來就是服務在地各行各業、各種年齡層的人，從老到少，只要有需求，都可以來這邊。氣氛太過文青的話，歐吉桑怎麼會去那邊？他就算突然想翻翻書，他也不敢進來，或者會覺得「我們年齡那麼大了，去那個店好嗎？」我不是說文青不好，而是一個店不應該被貼標籤，若商品和服務都是為了迎合觀光客，在地人反而覺得格格不入，久而久之就不會想去了，我不希望鄉下變成這樣子。其實在地方開店本來就是要服務在地，變成這樣子，就很奇怪了。我希望池上陸陸續續開的店，是在地人隨時都可以去的店。

這五年來，觀光客的購書比例較高，買文具以地方人為主。池上書局可以是一般認為的獨立書店，觀光客可以進來這邊點杯咖啡、看看書，這跟都會區的獨立書店是一樣的。但我希望觀光客與在地人兩方都能兼顧，池上書局還是以服務在地人為主，在地人想要買本農民曆、考駕照，都可以在這裡找到他們想要的。

凝聚在地藝文能量

在地方辦藝文活動，總要有一個報名聯絡的據點，相較於其他類型的店，書局較適合做一些文化傳達、連結內外的點。從現實面來講，鄉下人口二十年來從來沒有多過，只有觀光客變多。只要在地方辦活動，一定需要一定數量的人來參與，但我們不能期待全由觀光客來塡補。因爲需求性、人口、地域的關係，要靠活動來增加收入或是打知名度，效益並不大。這些活動一定要有一個基本的參加數量，辦起來才有意義，更重要的是，如果無法繼續擴散出去，這個資源的效益就弱掉了。

在地人口有限，辦起來會很辛苦，但又不能完全沒有，畢竟在地還是有這樣的需求，不能因爲在鄉下就失去這樣的機會，所以讀書會、講座之類的藝文活動，還是會辦，只是不會那麼頻繁。

推廣在地藝文，需要在地人的支持，要走入的人群就在這裡。我認爲最理想的是，辦活動吸引到各行各業的人，只要你有空，你想去，不會有「這個活動只適合文青」這種顧慮。當初池上藝術村成立的目的，是希望整個鄉從男女老少，不管什麼階級、身分，每個人在身邊就有一個管道去接近藝術。我並不希望活動內容就限定於文青、文藝愛好者，當然文青族群也可以吸引一群年輕人進來，但是在這之後，我們希望可以再擴散，讓影響力不只停留在自己這一群而已，而是擴散到每個人年齡層的往上或往下，讓作用更深更廣。

在地方舉辦各類藝文活動，我覺得要先考慮主要是服務在地人，還是外地人。兩者都要兼顧，但要衡量比例，不能光爲了賺外地人的錢，把在地需求排除在外。我還是以在地人爲優先，例如池上秋收稻穗藝術節，大部分的觀眾來自外地，但我們可以藉此來提升在地人的收入，這是我們辦那些活動的其中一個目的。不只是服務外地人，在地人也可以去消費、去欣賞，也算是同時服務在地。若沒有這些活動，在地人想看這類表演得特地到外面，許多老一輩的池上人這輩子可能沒有機會去國家音樂廳，如果在地能辦，就地就有機會欣賞國際性團體的演出。

關於在地文化深耕，不管地位、行業、扮演什麼角色，每個人都是一個很重要的存在，他是組成池上的一分子、一個螺絲釘，他們都是不可或缺的。池上樂齡畫班有一位阿嬤學員，以前五洲戲院的老闆娘，有次我借阿嬤家樓頂的空間，去拍攝對面小學的工程進度，那陣子常常在她家出入。阿嬤的房間擺了張書桌，上面有畫紙、水彩、筆，甚至有時就看到她在那邊畫畫。大白天一個人在房間裡畫畫，很勤勞地練習，她就是樂在其中，而且很用功。很多人學東西都是上課時才拿畫筆，離開教室就沒了，學習跟生活是兩回事，但這些樂齡阿嬤們平常就在家練習，把繪畫完全融入生活裡了。池上還有很多事情、很多人物，接著都會慢慢地浮現，讓大家去感動，我覺得影響力可以蔓延到各個角落，讓各地的人開始覺得，我們周邊也有這樣的人，是不是我們也要去關心？臺灣各地都有樂齡班，我們身邊也有些老人家，我們是不是也可以做些事情？我覺得要把這個力量拉大、發酵出來。

技職之心——務實、精準與紀律

民國六十七年，我從公東高工機工科畢業，公東的教育對我影響很大，這間書局的空間營造和它有很大的關係。公東技職教育最基本的就是務實和眉角的拿捏，生活周遭碰到一切事，能自己動手操作，例如畫圖的技能、對空間與主體的理解，以及什麼地方需要特別專注。

所謂的務實，就是對精準度的要求。每個物品，要達到一定的精準度，就一定有一個標準，比如一個螺絲，一定有它的規格和容許的誤差，一定要精準地達到那個標準，不然這就不是一個可以使用的東西。螺紋深度多少？內徑跟外徑多少？它一定有一個標準，太小了，鎖不緊，太大了，就鎖不下，爲了要達到那個標準，手腦一定要並用才有辦法控制力道，這就必須嚴格訓練，透過多練習，達到足夠精準的掌控能力，最後才能達到那個標準。

在工廠操作機械需要體力，以前公東的學生到工廠實習前要體能訓練，因爲專心除了需要腦力，身體的耐久力也要很夠，體力好，才能維持長時間的專注。一年級所有學生都要住校，統一管理，重視同儕的聯繫，培養對學校的向心力，這是對紀律的訓練。這種務實和紀律不是耳提面命，而是潛移默化，許多老師也是公東畢業的學長，老師對我們的要求，就等於是對事情的要求。

三年的機械實務操作，手要練習操作一些機器，而且有時是比較精密的儀器。透過這些訓練，學習控制手的力道，這讓雙手更靈活，雙手靈活得靠腦袋的靈活，才可以支配手的力道，這就是手腦並用。離開公東高工後，往後在生活中需要用上相關技術，就覺得很順手，不會有什麼障礙，例如鎖個東西鎖不好、鎖不緊，缺少這些基本的技能會造成一些操作上的障礙。對公東的校友而言，即使沒學過的東西還是可以很容易就上手，只要稍微練習幾次大概就會了，這就是學校三年裡訓練出來的手感，這種手感無法光靠課本、書面傳授習得，這不是靠理論就會的東西，一定要親手下去做，一定要親力親為。

工程細節上的馬虎或粗製濫造，這不是只發生在現代，以前也有粗製濫造的東西，未來還是會有，這跟時代沒有關係，而是心態，關鍵是你對這件事所抱持的態度是什麼？你的自我要求到哪裡？你的標準在哪？對於一些事情，每個人都有自己的主觀標準，但很多機械性的東西，標準是固定的，一定要達到這個標準才是符合安全。例如蓋房子，一定要有一個標準，不然房子可能颱風一吹就倒了，差別在對這個標準的要求夠不夠精準？公東的教育就是要求這部分要很精準，當你學會了這種精準，潛意識中你就知道這東西的標準就是在這，你不可能放棄這個標準，要是放棄這個標準，就不是當初所學的東西了，當初又何必去學呢？對任何東西、一個尺寸的拿捏、一個圖的分配、一個比例，學校訓練出來的學生都該有一個基本的標準在。

當年每個學生都要練習仿宋體，就是工程字，一張畫紙裡面一定要標明一些文字敘述，這個字不能寫太醜。光是練字這件事，學校要求學生在稿紙上寫個幾百字還是幾千字，一直練、一直練，把字寫得工整，只要字練得工整，就算隨便寫幾個字都不會太離譜，因為你已經被那個框框框住了，光是手寫字體就會有一個標準在那，自然而然就不會隨隨便便，一偏離標準，自己就會看不下去。這種訓練讓你在心裡有一把尺，那把尺會衡量這個東西是不是在你可接受的範圍裡。當然這還是有彈性，只是彈性的大或小而已。只要透過實作，就可以知道有些事情對就是對，錯就是錯，比如我剛舉的螺絲例子，一定要合乎它的公差，所謂的公差就是範圍，範圍內就是對的，超過這個範圍就是錯的，錯的就是錯的，永遠就是錯的，不可能勉強湊合，因爲事實就是鎖不上，鎖不上就是鎖不上，要是太鬆就是鎖不緊，就是不能用，這是很明顯的。公東要求的務實精神，就是要求我們對任何事情做到可以接受的範圍，不能接受就是不能接受，錯的就是錯的。

眉角的拿捏就是判斷哪裡是該精準的部分，這可能會出現在作品裡的公差設定，因爲公差設定越精細就表示這個部分的精準度必須更高，也就是最需要注意、力道必須控制得更好的地方。沒有標公差的地方，表示尺寸只要接近就可以了，不用花太多時間。公差越小就表示要花較多時間，這個地方就是關鍵。所以你要掌握這個關鍵點，這個地方就是眉角，關鍵點做好，螺絲就是鎖得上去，就算外觀醜一點，只要抓到要點，就是鎖得上。要是成品做得再漂亮，但是眉角沒有抓到，就是鎖不上，就算美，還是不能用，這就是我所謂的眉角，就是有沒有掌握到關鍵點。有時要發現一些眉角，並不如想像中那麼容易，不一定一張圖裡就已經全標示清楚，很多事情得自己去判斷哪個地方是關鍵點。判斷力非常重要，這有時是老師無法言傳的，得靠自己經驗的累積。從實際操作中，久了就知道哪個地方是關鍵點，就算圖上沒有標示，還是可以知道哪些重要、哪些不是那麼重要。

在公東基本上會學到製圖，有了製圖能力，在紙上作業時，對整個空間的擺設、配置，自己會先有一個譜。很多人因爲不會畫圖，一些理想就只是在腦海中，若沒辦法自己呈現出來，就會打折扣，請別人幫他畫時多少會有些落差。若自己會畫，就可以先模擬過，比較容易呈現自己想要的東西。先在紙上作業，然後再去調整、修正，可以避免很多時間上的浪費，例如後來才發現哪裡錯了、位置不對、尺寸不對、大小高度都不對。除了畫圖的基礎，還要知道整個空間配置跟力量的承擔，有人可能會畫，但不知道這樣的材質能不能承重。這就是在公東高工時訓練出來的基本能力。

池上書局的店面設計以實用爲主，例如這種商品一定需要、是長銷品，就一定要在什麼位置，書和文具得歸類，讓客人比較好找。畫設計圖時，以實用爲原則，以現場環境爲第一優先考量，可以使用的空間有多大？不能超出這個範圍，然後從可使用的空間中抓出一個平衡點。比例先抓出來，再進一步考慮細節部分，包括結構、安全性、實用性。我最優先考量安全性，再來是實用性，最後再思考美不美觀。我比較務實，先考慮是否實用，再考慮好不好看，當然兩者可以一併考量，但還是以實用爲主，畢竟實用和美觀有時會有落差。若不實用就絕不採用，然後在實用當中，盡量讓它好看。我一直希望設計可以兼具實用與美感，不是美觀，是美感。

書局的未來

以目前趨勢來推演下去，就這五年的狀況，最好最壞大概就是這樣子，起伏不會太大。起伏不會太大時，事實上改變是有限的。很多獨立書店，一直想要改變，但大環境改變不了，透過個人努力的改變是眞的很有限，畢竟大環境拉著我們這樣走。這並不是說要隨波逐流，重點是在隨波逐流間想辦法怎麼生存，怎麼去找出一個平衡點。不能怨天尤人，然後要大家趕快買書，這不是你說了算，也不是政府說了算，因爲這不只是臺灣的問題，許多國家都面臨這個問題。因爲整個大環境趨勢的轉換，很多一百年前的店，一百年後就是不存在了，不存在就是不存在了，因爲沒有那種市場、沒有那種需求，就是該轉換的時候。例如早期很多東西現在都已經電子化，不是電子的東西，就被淘汰了，我們不能說，我要恢復它，然後要大家捨棄不用新的產品，例如要大家不要使用計算機，改打算盤，然後賣算盤的人開始質疑大眾，「你們爲什麼不用算盤？」不能這樣子，因爲時代就是在變換。其實書的情況還算不錯，從整個人類歷史來看，從有紙張開始，然後印刷術發明，也持續了幾千年，算已經不錯了，不然很多物品在產業交替下，根本已經不存在了，存在的就是被當成古董。要澈底了解問題的核心，如果沒有澈底了解問題的本質，只從表面現象的理解去因應，就會覺得這種衝擊非常大。

如果今天突然沒有郵局了，就會造成很多困擾，但今天要是書局消失了，也不會是什麼天大的事情，那就去別的地方買就好了。但對我來講，我當然是不會收掉。這不是說對歷史交代，因爲這個行業，還沒到需要收掉的地步，除非完全是因爲經營不善或自己的問題，或一整天沒有客人進來，消費者對這個完全沒有需求，就會考慮收起來。但現在還是有這個需求，就沒有收起來的理由。唯一問題是收入變少，但收入變少可以從其他地方來彌補，就像我和太太現在有兼職，在鄉下就是要多元收入才有辦法生存。許多獨立書店爲什麼還可以撐，很多人是有兼職的，如果賣書是獨立書店唯一的收入，這樣就掛掉了，付了房租、水電、人事費，整個就沒了，一天又賣不了幾本書，書的利潤本來就不高，又不是開銀樓。若是以維持生活爲目的，不應該是開獨立書店，開個麵店、檳榔店、飲料店，都可以過得更好，幹嘛去賣書？所以想開書店的人，要有另外一種思維，不能用這種商業思維，不能想像開書店是要賺錢，光是衡量賣書收支會不會平衡，現實就是不會平衡。這得跟你的理想去做一些拿捏，當你有理想的時候，爲什麼不堅持理想，透過各種實際的方法，努力和理想達到平衡？

對於書店的未來，我還是會很樂觀，讀書是件好事，越多家書局，機會越多，即使是不看書、不買書的人，只要他進到書店，就有機會。不論是獨立書店、傳統書店還是連鎖書店，只要是書店，只要有書店，多了一個場域，就多了一個讓人翻書的機會。當然如果要以賺不賺錢來考量，那就很現實了，沒辦法生存，就只能關了。但我很希望一條街每隔三、五家就有一間書局，就算人們可能只是逛來逛去，但他們還是離不開書，我覺得這是很好的一件事情。只要有閱讀就會有沉澱，就會有收穫，今天一本書被出版，然後被放在這裡，就一定有它的意義在，就能從中獲得些什麼。所以我還是滿佩服開書店的人，希望很多人都有這種精神，開書店這種事情，多多益善。

最快樂與最辛苦

經營書局最快樂的就是客人進出頻繁，增加收入。書和文具都跟文化有關，就算只是單純的書寫，還是需要紙張、筆。文具就是跟文化有關的工具，不管是用在什麼地方，都跟文化有直接或間接的關係。當一個地方跟文化有關的販售點生意越好，就表示這裡的人對知識的需求越多，知識需求越多表示整個生活層次就會提升，就好像一個地方畫廊很多，表示這裡的藝術氛圍就是比較濃厚。

最辛苦的就是生意清淡的時候，表示當地人沒有買書和文具的需求。一間書局沒有被需要的感覺時，這時候眞的要檢討，爲什麼一個小鎭沒有這種需求？要是人口變多，對文具的需求反而縮減時，就更要檢討了。但如果人口少的時候，書局還在，這代表著什麼？文化這種東西，不會因爲人口少就消失了。

稻田裡的哲學家

攝影／吳家湱

自從在農村生活後，第一件學到的事，就是颱風來前聽到明天停止上班上課的消息，不再開心歡呼。二〇一七年夏季，只來一場颱風，幸好風雨小，農田無大礙。未料十月中快收成了，三天三夜豪雨下不停。稻子倒伏，就代表損失，這期穀粒也不如上期飽滿。這幾年，冬雨越來越頻繁，異態逐漸變常態。

吳瑞益是典型的池上中生代農民，他們肩負養家的責任，兒女通常還未成年。他們是執行長也是長工，做最高遠的決策，也是最基層的執行者。他們精算成本，判斷風險，同時學習第一線該具備的各種技術與眉角。先是跟父親學種稻，是父子，也是師徒，是技藝的沿襲，也是家的承傳。慢慢學，悟出自己的心得，種出來的米得了獎，榮耀歸給師與父。

二〇一二年，吳瑞益成了池上有史以來最年輕的米王，得了米王頭銜後沒幾年，種出來的米再度奪得全臺十大經典好米。才三十出頭就得了臺灣米界奧斯卡的感覺是什麼？他說：「沒什麼差別，田照耕，日子照過，工作還是要做。」

務農人最高興的是大豐收，最頭痛的是稻子倒伏。從打田到插秧、施肥、水位控制、病蟲害防治，老天一路保庇，給了良好的出穗條件，農民一路用心，養出飽滿漂亮的稻穗，但有時就在快收割時，來了連日豪雨，稻子倒伏、泡水。「準備要收成了，睡到半夜一、兩點，聽到外面有雨聲，馬上從床上跳起來，『完蛋了，明天早上去看不知道要倒多少！』稻子一倒，就是有損失，這時就會想，我顧得那麼辛苦又損失掉了。……但是，稻子倒一片，還是要把它收掉。」

有時候結果令人失望，但不代表我們不夠努力。人生中最有勇氣的行動，其中一個是放下，而農民教我們的另一種勇氣，就是盡管對結果不滿意，仍要把工作完成，好好收尾。

農夫的記事本

在訪談吳瑞益時，堆疊在他身邊的記事本吸引了我的目光，這是他務農十幾年來的日常紀錄，裡面寫滿每天的工作進度、收支和資材明細。記事本被塞在口袋或放在發財車上，隨做隨記，十幾年來的每一天，疊出如小山高的記事本。那些紙張被汗水與泥土浸濡，淬鍊出精湛的技術與經驗，我似乎發現了年輕米王的祕訣。若不投入長年的實作、用心專研、不斷思索修正，就不可能達到精通的地步。種稻沒有速成與走捷徑這回事，我們無法從插秧直接跳到收割，無法避開春、夏、秋、冬每個時節的任務與挑戰，只要任何一個環節沒有做到位，就無法進入下一步，失敗與成功的種子都藏在細節中，結果遲早顯現。

「這些記事本是累積下來的做農紀錄，每一期、每一期、每一期。一期將近一百多天，不可能每天都記得住，如果有做紀錄，稍微翻一下，就知道這塊田區下一步要做什麼。做那麼久了，節奏都有了。」

「但現在氣候變得太大了，每一期狀況都有些不一樣。像今年梅雨晚到，正常是早一個多月就該下完，今年是準備收割了還在梅雨。還有第二期的冬雨，常常準備要收割了才在下，這好像快變成常態了。」

「就算經驗一直累積，我還是沒辦法掌控一切，有經驗的農夫不是預測天氣百發百中，而是知道經驗再怎樣豐富都不要太超過，要預留些空間給未知。」

遇到歉收，自然的韻律不能讓農民沮喪多久，繼續準備耕下一期。這期不好，就望下期。而「最年輕米王」的頭銜也無須高興太久，上臺領了獎，拍個照，轉身回到田裡埋頭工作。不以物喜，不以己悲，「當農民，心要放得開，如果情緒起伏太大，就無法走得長遠。」

農民與池上秋收稻穗藝術節——種米也種文藝

土地孕育農作，農作滋養文藝，土地勞動者創造各種靈感、題材與機緣，催生無數個文藝創作。沒有農民，就沒有這片美景，也沒有池上秋收稻穗藝術節。

二〇一三年十一月，就在雲門舞集創辦人林懷民的新作《稻禾》即將在國家音樂廳首度公演之前，這部新作的選粹——《稻禾意象》已先在池上秋收稻穗藝術節演出。就在正式世界巡迴公演前，先讓作品回到它的靈感發源地，作為對池上農民的感謝。

不料開演前一天的鄉親場，冬陽異常熱辣。林懷民老師手按著被曬得發燙的舞臺，擔心舞者們燙傷了腳。但舞者們堅持準時上場，跳完那場《稻禾意象》，舞者的腳底也起了水泡。隔天，受到颱風外圍環流的影響，池上下起滂沱大雨，林懷民老師再次不安地望著天，擔心《稻禾》中各種旋轉與跳躍的動作導致舞者在舞臺上摔傷。人無法超越天意，但總能繞過。舞者平時為了應變各種突發狀況，就算不是今天的舞碼，仍隨身帶著幾套舞衣備用。舞臺積水，那麼正巧能演出《水月》，而舞臺四周被稻穗圍繞，可搭配《流浪者之歌》。時間一到，依舊準時登場。

第三天，就在開場前，大雨停止，二日半的心理折騰終於解除。在天光乍現，被雨洗刷地乾淨的自然布景前，《稻禾意象》正式開演。

一天炙陽，一天豪雨，老天在那年池上秋收稻穗藝術節裡埋了個伏筆，暗示人們正視氣候異變的問題。我們不只凝望著這片美麗的稻田，更要將視角延伸到農民與農田正面臨的潛在風險。

無論天候如何，總要準時上場。雲門舞者們舞完了《稻禾意象》，也舞出了稻子的宿命。無論烈日豪雨，稻子的根已深植在地，躲不過，走不開，只能面對。要是離開了土，就是死了。無論異常天候如何攪局，進度仍要想辦法推前，無論這期豐收歉收，農民都要按時收割，按時插秧。稻田裡的一年四季，每一幕都要準時開演。

農民的事就是大家的事

作為一個農民，了解你的田，在大自然的既定規則下，找到最適合自己的工作節奏，在無可預期的風險中，穩住步伐。吳瑞益談的是農田，映照的是生存哲學。

作為眾人之一，了解農民，讓農民不是獨自面對氣候變遷與自然環境的惡化。氣候異變考驗農民的技術，也考驗社會大眾的信任網絡。池上米的價值不只在於品質好，更象徵一種良性永續的社會關係、一種富有遠見的共識。讓農民在每個耕作環節所堅持的價值，都有社會大眾的理解與支持作為後盾，這才是推廣農村觀光最重要的意義。

承租加代耕的田快三十甲，沒有一塊田是自己的。「我是憨慢賺，再怎麼賺也追不上地價。」問吳瑞益最喜歡池上哪個地方，他笑著說：「每個地方都很喜歡啊，因為每個地方我都走。」

二〇一七年六月二十一日，在炎夏的清晨早起，拍攝吳瑞益收割第一期稻。清晨六點多，吳瑞益燃起了紙，低頭在田埂間默拜。用完早餐，他開著割稻機流利地滑進田間，開始割起第一塊田。三臺相機在一旁拍攝，半空中懸著一臺空拍機，攝影者們不斷移動腳步，而他從不被鏡頭干擾，保持專注的四十五度視角，注視那一束束捲入收割機的稻穗。我感受到一種聚焦於此時刻的高度專注，那是一種不自覺令人尊敬的工作姿態。除了吳瑞益家中那堆疊起來的記事本，我似乎發現了年輕米王的第二個祕訣。

口述：吳瑞益

一位農民的養成

退伍回來後，先是養雞，做了差不多三、四年，因爲大環境跟成本的原因，停止養雞了，去做了差不多半年的工。後來覺得不行做工，做一輩子沒有出頭，回來跟爸爸講，不然我們來從事農業。我爸本來就有務農，只是主軸在畜牧業，種稻面積比較少，只有跟人承租來的一、兩甲地而已。差不多民國八十七年，我開始跟爸爸一起做農。

我先跟著爸爸學，因爲沒有經驗，連最基本的施肥都不會，連一桶肥料要撒多寬的概念都沒有。身爲一個農民，最基本的稻子顏色不會看、施肥不會施，根本不要講你要做農。會判斷稻子的生長狀態才能了解施肥量要多少、後續過程該怎麼做。我印象最深刻的是，我爸說：「你這肥料背下去灑。」結果被罵到狗血淋頭，我也一頭霧水。他意思是，這桶肥料要灑一整塊田，但我一下田，走沒幾公尺，肥料就全丟完了，結果那一小段的稻子就死掉了。下次慢慢就知道，一桶肥料大概要撒多少面積。

從中慢慢學習，逐漸在稻子的成長狀況跟肥料量之間抓到一種感覺，這是說不出來的，就像我爸爸當年也說不出來。就是慢慢做、慢慢試、被罵當中學到更多經驗，或是爸爸在旁邊提醒：「這樣太多囉！」「太少囉！」然後自己學著去拿捏，稻子這樣的顏色夠嗎？生長狀態有沒有達到我們想要的？

學習務農的過程就是觀察、邊做邊學。我剛回來做田時，幾乎每天都跟五、六十歲的農民處在一起。他們聊稻子，我還一竅不通，反正他們講什麼，我就聽進來就對了，回來再試試看可不可以，然後慢慢從裡面學習，慢慢地、慢慢地、慢慢地……這樣子做，最後悟出自己的方法。

其實做田就是從打田開始，然後整地、插秧，插秧完就是施肥，施肥基本上是三次，我們簡稱一追、二追，最後是穗肥。打田有分頭遍和二遍，頭遍是乾打，再來的二遍就是放水加待整平。有的農民會先放水，放水完再打底肥，有的人不習慣打底肥，整地完就是一追、二追、穗肥。我還有加一個底肥，可以跳過二追這個步驟，直接等到穗肥。做法很多種，每個農民做法都不一樣，看他比較習慣哪一種耕作方式。

做田做了差不多半年，我跟爸爸講，我們來買機械。第一樣買的機械就是耕耘機，俗稱火犁仔。剛牽回家時，幾乎不會打田，每天先開著三噸半（小貨車），看哪裡有火犁仔在打田，就停在路邊看人家打。回來再自己摸索，照他打的路線試看看，看優點缺點在哪。每個人的打法都不同，自己先試著做，把適合的學起來，不適合的剔除掉。

農民會去買機械，主要是爲了方便自己的工作。做到差不多十來甲，學會開火犁打田後，因爲插秧工沒辦法應付我們了，我們又買了插秧機。之前請人來幫我插秧時，我就在旁邊看，看人家怎麼插、怎麼收尾，慢慢學習，等我買回來大略就有個概念，一下去實際操作，慢慢就駕輕就熟了。

種田成本算是很高。一塊田的成本，第一是地租，第二是曳引機代工費，再來插秧機代工費，然後秧苗、除草劑、肥料、農藥等支出、收割機的代工費，還有割草機的汽油等各種雜費，成本加一加，一甲地的成本差不多要十萬到十一萬。所以農民買機械要一步一步慢慢拓，資金不夠，也沒有那麼大的膽量投資，等到資金、技術能掌握了才可計畫去買下一樣東西。一臺火犁仔就要幾百萬了，買插秧機之後，下一步就是噴藥機，數一數，加上車輛，大概也有七、八臺。外人很難想像農民這些東西怎麼會花那麼多錢。

了解你的田，掌握自己的節奏

稻子的生長流程跟作業流程，都有辦法掌握，你知道你的每一步該怎麼走，什麼時候該做什麼，這樣才算是獨當一面了。這感覺得出來，但沒辦法描述。這也得看節氣，還是會照著節氣走，但事實上是不大準了。光是下雨，該下時它不下，不應該下又一直狂下，或者本來不會下那麼大，突然下豪雨，這跟以前差很多。什麼時候該做什麼，我幾乎很少去看別人，都是憑自己的感覺，下田時間或早或晚，每個農民都有自己的節奏，一號插的秧跟二十號插的，生長狀況一定會不同。農法大致上差不多，稻子的生長程序是一樣的，但是每個人的耕地面積不同，管理方式不同，所以節奏感也不同，最重要的是找到自己的工作節奏。比如果我十五天後才要撒一追，有的人七天就要下去了，爲什麼我插秧時會一併打底肥？因爲我做大面積，不可能馬上回頭施肥，例如一月分開始插秧，我的田分散在池上各區，第一塊田是一號插的，插到最後一個區塊要到二十號，如果不先打底肥，二十號才回頭撒第一區的肥料，就已經太慢了。所以我一定要打底肥，就可以依照我的節奏，一直插秧插到二十號，再回頭丟第一區塊的肥料時，第一區塊的稻子正好長得漂亮。第一面積考量，第二作業程序，第三就是去抓肥料的量。我回頭再來一追時，第一區塊的下個步驟剛好接上，稻子不會太黃，要是太黃表示養分不足，我在做別塊田時，它也在生長，我又趕得上分櫱期。若是沒有打底肥的人，可能是做一、兩甲，兩天的工時就結束了，以夏季那期來講，差不多插秧完的第五、六天，第一遍追肥就已經下去了。可是田地做比較寬的人，沒辦法五天內回去田裡灑肥，所以我一定要先打底肥，這樣我每塊田又耕得到，稻子又會漂亮，等秧全部插完，回頭再來一追，剛好是這個時間。這是我個人的經驗，每個人的狀況都不一樣。

做大面積的農民，通常很少補秧，不是因爲沒有時間，而是那麼大的面積，田又遍布在池上各處，從頭插到尾，再回到第一塊田補秧，已經來不及了。之前先插的秧已經長那麼高了，新補的秧苗跟不上成長進度，收割時也還沒完熟，就變成青仔會比較多。還沒熟成的穀粒比較輕，跟熟黃的混在一起，會影響到完整粒和食味值。

病蟲害防治

這眞的是憑感覺，要抓到精準投藥的時間很難，因爲氣候每天都不一樣，病蟲害每天也不一樣，有時候等我們發現時已經來不及了，像出穗完的𥞊燒，看到時已經來不及了，這時才投藥下去，情況幾乎已經很嚴重了。所以我們都會估算，例如這一期可能比較會到𥞊燒，就會提早下這支藥，先預防下去，避免感染。病蟲害沒有辦法準確預測，但還是隱約有些規則可循，像冬天那期，𥞊燒通常比較嚴重。

這幾年冬雨下得比較頻繁，這種狀況以前比較少見。差不多十月初就開始下冬雨，稻子那時候差不多出穗了。這幾年幾乎都是出穗完開始下冬雨，冬雨過後，病蟲害好發性很強。𥞊燒是冬季期較容易得的病蟲害，但是又不一定，有時候今年沒有，下一年有，很難去斷定。每個時段都可能有病蟲害，因爲每種病蟲害的好發時期不同，重點是，農民要怎麼提早預防？例如這一期插秧完大約四十五天後，病蟲害跟稻熱病都提早防治了。這就跟小孩打預防針一樣，幾歲時該打什麼針，因爲預防勝於治療，看時間差不多了，我們就先預防下去。第一是比較心安，第二是等稻子得病了再來投藥，相對要多一到兩倍的成本來治療。只要是得病了，一定是受到傷害，若先預防，可以說百分之五、六十的機率不會得病。

還有金寶螺，金寶螺實在是農民的世仇。第一期比較少做金寶螺防治，因爲天氣冷，金寶螺都躲起來，比較不會出來吃。可是七月分那期，整地完要插秧前會做一次金寶螺防治。

金寶螺的問題目前在臺灣還沒有辦法完全解決，這也讓農業成本真的提高很多，牠一年四季都可繁殖，除了冬天躲在土裡。如果一塊田區的金寶螺超乎想像的多，要是不做防治，農民今天插秧下去，明天秧苗全被吃光，抓也抓不完。

放田水

水位都是我媽負責控管，光放水的學問就很大了，所以我媽很辛苦，每天放水、巡田水，就跟陀螺一樣，一直轉、一直轉。先判斷這塊田要放多少水，控制水量，然後估計多久回頭關水，一天的時間就被這個給分割。每塊地吃水的狀況不一樣，這真的是憑經驗，看一塊地多寬、水要開多大、什麼時候水才會滿，然後什麼時候回來關水。比如說這塊田開半管要四個小時才滿，所以四小時後得再回來這塊地，要是水量夠了就可擋起來，移往下塊田。有時四個小時後回來，水還沒滿，可能中途被人家截走了，畢竟人家也要水，我媽就會一直在附近繞，每天光一塊田就跑好幾趟。碰到缺水的時候，或是田位在水尾，最後才輪到，水都被前面的攔截走了，就不得不犧牲晚上睡眠時間，半夜不能睡覺，去拆上面的水，這樣田水才會滿。不這樣做，白天也放不贏人家，前腳一離開，人家又來擋回去了。所以常聽老一輩的農民說，半夜去偷放田水，或是爲了田水吵架、打架，尤其水源不豐沛的時候，這很正常。像上個月跟上上個月，水源不太足，還好農田水利會把灌溉水分配的算滿好，沒有爭水的現象。其實缺水時，農民都要有個共識，就是大家共體時艱，克難應急一下。由水利會去協調、分配水量，大家就比較能配合，比較少有爭議。否則今天你要放水我也要放水，這邊放很大，那邊就沒有水了，要是把別人的水量關小一點，多一點來我這邊，別人又會不高興，就會引起紛爭。缺水會影響到社會關係，人跟人之間的和諧會被破壞掉，因爲每個人都要生存，你要生存我也要生存，一定會去爭，爭的時候和諧性就不見了。

合理化施肥

友善耕作最基本的是合理化施肥，肥料不要放過量，就不容易得病蟲害與稻熱病，就像人把孩子照顧得「白泡泡幼咪咪」，好像溫室裡的花朵，一到外面的惡劣環境絕對會受不了。稻子也一樣，氮肥施太多，葉子較薄，看起來很翠綠沒錯，但葉子纖維太細緻、葉壁不夠厚實，容易得稻熱病，就好像小孩缺少運動、過度保護，出去不用三分鐘就累癱了。

肥料下多少，得靠耕作者自己去抓，因爲每塊土地能吃的肥料量不一樣。同樣的量，有些田的稻子得了稻熱病，因爲有的土質是所謂的「不受肥」，土壤沒辦法把肥料鎖住，導致植株狂吸肥。養分吸收快，植株會受不了，就像小孩一次狂吃喜歡的東西，導致腸胃不適。如果是會保肥的土壤，不用施很多肥料，土地會慢慢釋放養分，讓植株慢慢吃。池上有分黏土、黑土、砂土……很多種，每個土壤的個性都不同，植物生長狀態也不一樣，所以每塊田的施肥量就不一樣。

合理化施肥是農改場一直提倡的觀念，這對植物、土壤都是有幫助的。施肥過多，土壤會硬化，然後不斷惡性循環，施肥量逐年增加，到後來成本越來越高，這對農民也不好。合理化施肥，連帶農藥量就會減少，例如下重肥的人，可能一期稻作要噴四、五次農藥，若是合理化施肥，以慣行農法的作業模式，只要噴一次或兩次，這樣耕田成本也會降低。每期減少農藥就是對環境減少一次傷害，施藥量一減少，植株健康、土地健康、人也健康。

合理化施肥和農藥減量，對大自然盡可能友善的維護，農藥能少施就盡量少施，這要先從合理化施肥著手，少施的話，成本也降低，對土壤、環境、對農民本身都有好處，因爲我們也不用接觸那麼多化學藥劑。農藥幾乎都是化學藥劑調成，有時候看到白煙飄上來，那個是毒氣呀！

農藥殘留檢驗

以池上來講，農藥殘留檢驗一定要有，這是給消費者一個很大的信心。池上是全臺第一個建立農藥驗毒機制的鄉鎮，所以池上米可以賣得這麼好，價格這麼好，可以說是因爲有這個機構，讓消費者有信任感。品牌的維持跟信任感有很大的關係，要有群眾信任，品牌才有辦法長久，關鍵就在農藥檢驗。因爲現代人來越重視食安，有了這個機制，消費者會覺得池上米是安心的食品。

農藥殘留檢驗分幾個階段，這個制度不只讓米的品質變好，農民素質、用藥和栽培管理的觀念也提升了，現在每個池上農民都知道農藥檢驗一定要過才能收割。鄉公所是最基本的檢驗單位，它是第一個把關的，農會還有另外一個階段的檢驗，像我們有做 ISO，農會就會把我們繳交過去的稻穀送到其他機構檢驗，那是一種公證的機制。做 ISO 要農藥零檢出，所以在用藥觀念上，農民就要很特別去注意這一塊。

池上米認證的好處，第一農藥殘留檢驗，提高消費者信心；第二就是這幾個階段的把關，提升了池上農民的素質。要是鄉公所一驗出農藥超標，池上所有米廠都知道，他們會停止收購你的米。所以等農藥檢測通過了，才能收割，這是保護池上米這個品牌最基本的原則。如果農藥檢測已經沒過了，還讓農民割，割了交進去，是不是到最後食安問題就出現了？又影響到池上米的聲譽。現在池上農民都有這個共識，重點在一個起點，一個不一樣的起點，然後有一個推廣者，有這個心要這樣做。其實這是教育的問題，要是農民跟農民間、農民跟米廠間有互信的話，這些機制就會自然而然建構起來。其實農民剛開始也會覺得怎麼那麼麻煩、那麼複雜，可是慢慢地改變心態、慢慢凝聚共識，逐漸建構出那個架構。到最後，每個農民不會嫌麻煩說爲什麼還要驗毒還要幹嘛，時間一到，大家主動就會去驗毒，快要收割了，大家就會主動去通知什麼時候要割稻，讓鄉公所派人員來田區採樣。

池上的米價目前是全臺灣最高的，最主要原因是制度很完整。池上幾乎都是契作，有一個保障價格，既然有保障價格，栽種出來的品質也要符合一定的標準。品質的指標有分成容重量、完整粒和食味值等等。完整粒指的是每顆都很完整，沒有胴裂、碎米、損害粒，而容重量指的是紮實度，越紮實就越重。

農民的一年四季

一年的生活節奏，從十一月分開始講。十一月分開始收割，然後冬天到了，就是養地的時候，撒些油菜花或一些綠肥，等於是幫土地做保養。有的人會深耕，用機械把底層的土壤翻攪起來，讓土壤接受氧氣、曬太陽，類似殺菌。有的人就直接撒綠肥，像油菜花、田菁。池上現在幾乎沒有人撒田菁了，雖然田菁的肥分比油菜花還高，但田菁的處理時間比油菜花長，因爲田菁的植株比油菜花更粗壯，要讓它爛掉的時間得拉長，問題是後面還要銜接下一期耕作，時間可能會很緊迫，所以大部分農民都是選擇種油菜花。有的農民會趁這段休耕時間賺點外快，種些蘿蔔，蘿蔔跟油菜花一樣是綠肥，看是賣掉或請人家來拔。

一月中後，池上農民差不多開始陸續耕作了，一期作開始。放水、整地，準備插秧，差不多插到二月中，大約到元宵。元宵過後插的秧大多是香米類，像是越光、一四七那些比較早熟的品種。早熟的品種比較慢插，因爲它們也比較怕冷，得等到氣溫稍高了才可插秧。

二月中過後，大約準備要施一追。一追完，差不多在清明前後，就是第一次病蟲害防治，算是提早預防。病蟲害防治之後是除草、砍田埂草，因爲這時有的草都長很高了。要是有的田區生長狀態不太好，可能會去補肥。有的農民若是打田時沒有下底肥，可能在插秧完的一個禮拜到十天就先丟一追。差不多到清明後，大概四月中到五月初，還會再丟個二追，二追完才有穗肥。有的農民在打田整地時就先下一個底肥，例如我們有打底肥，底肥打完後差不多等到二十幾天才一追。一追丟完不丟二追，直接等到穗肥了，大約在四月二十幾號是丟穗肥的時段，那是最後一批施肥。五月初以前幾乎穗肥都丟了，施肥差不多都已經完成，不可能再拖到後面了。

五月底是最閒的時候，病蟲害防治完就比較輕鬆了，但這也不算農閒期，周邊還有很多工作，像除田埂草、巡田水。六月中後，陸陸續續有稻子好割，一般來講十五到二十天就割光了，差不多七月初割稻期就結束了。

馬上接著第二期稻作。打田、插秧，必須馬上，因爲第二期稻作的時間很短，差不多一百二十天左右而已，有時還不到。所以第二期和第一期的工作內容差不多，但節奏比較趕。這也跟節氣有關，老一輩的人說：「一場秋雨一場寒。」差不多八月開始，每下一次雨，氣溫就降低一些。

第二期稻也是一樣的工作模式，因爲這一期時間比較短，依我的節奏，差不多七月插秧，七月底到八月初丟完一追，八、九月農田一片綠，十月中開始陸續收割。

人力短缺與氣候異常

當農民每天都在定奪，看當天天氣就要判斷，還有每天工作量要怎麼安排？什麼階段要做到什麼程度？下個進度銜接得上嗎？會不會耽擱到？要是前一步耽擱到，後面一連串的工作就耽擱到了，我就會一直想趕掉那些工作。要趕進度就要再雇工，像砍草，可以請雇工幫我砍一砍，付錢就好了，雇個兩天工，我工作就結掉了。但問題是現在雇工難找，因爲少子化，還有鄉下人口外流，加上人口老化，各種原因累積下來，結果就是農村缺工。雖然大面積的工作可以用機械替代，例如打田，但細部的工作還是需要人力，例如巡田水、除田埂草，就算是有割草機，還是需要人來背。

其實原因也不只是缺工，還有不願意做，現在比較少年輕人願意做這些工作，因爲還滿辛苦，對我來講是不辛苦啦！現在臨時工來源幾乎是年長女性比較多，像補秧工，很多都當阿嬤了，她們一輩子做習慣了，不做會覺得怪怪的。補秧就是補缺株，像秧被金寶螺吃掉，還有整地整不平，剛好有一個窟窿，水稻插下去被水淹死。

很多工作都可以找臨時工，只是看我們願不願意雇用。主要是成本考量，請越多雇工，相對地支出成本越多，利潤就越來越少，所以農民幾乎都是可以自己做的就盡量自己做。農民也要承擔氣候、環境等無法預期的成本，不敢先把錢花在雇工上，因爲我們還是要精算需要支出的成本，跟這一期利潤能不能打平？如果這一期遇到風災，雇工成本下那麼多，會不會成本沒回收？這時就要拿自己的本出來貼。碰到這種情況，不只是心情不好而已，就是會覺得很累。

以前颱風季是七、八月，現在常往後延到九月。還有梅雨，正常來講是三月中到四月中，今年都五月底了，才來梅雨。這對稻子也有影響，五月底正在出穗，出穗期就是要足夠的溫度和陽光，不巧碰上梅雨，氣溫偏低又下雨，稻子的授粉會完全嗎？這樣的天氣一定會影響到這一期稻，只是影響程度的多寡。這種溫度，低也不低，高也不高，問題主要在於，這不是稻子現在需要的條件。

氣候異常，這幾年感覺比較明顯，像暴雨，有時候一下就嚇死人，上一期就是這樣，幾乎這幾年都會遇到。以前割稻季幾乎不大會下豪雨，六月分第一期稻收割時還好，第二期就比較明顯，八、九月到十月初，它不下，就在準備收割的時候，開始狂下冬雨，下不停。

十月豪雨

準備要收成了，睡到半夜一、兩點，聽到外面有雨聲，馬上從床上跳起來，打開窗，看雨到底下多大。如果是下大雨，這一期稻子又顧得漂亮，但漂亮就比較容易倒伏，都已經準備要收成了，會擔心呀！「完蛋了，明天早上去看不知道要倒多少！」晚上不用睡覺了。稻子一倒，就是有損失，這時就會想，我顧得那麼辛苦又損失掉了。農民最擔心的是十月豪雨，因為十月剛好就是收割季。以前的人講，十月颱最恐怖，因為以前的颱風大多在七月，剛好是打田的時候，影響不大。現在七月常常沒什麼颱風，八、九月才開始陸續進來，九月稻子正在出穗，有時候九月也沒有颱風，老天給了很好的出穗條件，可是十月準備收割了，豪雨連下個幾天。

十月豪雨對農業的傷害是很致命的，可以說快血本無歸了。即將收割的時候下起連日豪雨，問題是稻子就是差不多這時候熟成，要配合節氣，提早收割也不行，往後延也不行，就是剛好卡在這個時段。池上稻作是一年兩期，一整年的農作時間卡得剛剛好，沒法往前移也沒法往後挪，豪雨一來，剛好在熟成階段，我們要閃到哪裡去？閃也閃不了，往前挪，稻子沒發育完成，就是在那邊動彈不得。

割稻時，看著天空，看到雲越來越黑，剛好午飯時間到了，他們喊：「吃飯了呀！」我說：「你們吃！你們吃！」我繼續割我的，一直割、一直割，這個區塊的田，能先搶起來就趕快搶起來。等全部搶起來了，割稻機運上車，要是雨還沒下來，趕快移往下塊田，趁這個時間邊開車邊扒著飯。或是割稻機的穀桶滿了，趁穀子漏入卡車的時候，趕快打開飯盒挖個兩口。等穀子漏好了，歸位完，飯盒蓋起來，趕快下田繼續割，哪有那個時間，坐在田邊慢慢吃！尤其颱風快來的時候，大家都在搶颱風財，哪有時間好好休息？前年那一次豪雨，農民半夜都在收割，割到半夜兩、三點，人也精疲力盡了。要是這個區塊沒先割起來，雨下來了，等明天雨停了，還是要回來這一塊收尾，收完才能去下一塊田。心情很氣餒是其次，最主要是工作進度已經耽擱了。遇到不好做的時刻，即使不爽也不能發脾氣，誰叫你要做這行？就算剛做的時候一路都是順利的，可是後來老天給了不好的天氣，全部倒光光，還是要硬著頭皮把它收掉。節氣也不能讓我們直接跳到下一步，或倒回上一步，不行，沒有辦法，過了就過了，還是要繼續做。

眞要下起大雨也沒辦法割了，不只稻穀溼掉，割稻機也沒辦法運作。因爲稻穗跟稻葉進入割稻機的大穀桶後，會先打過，讓穀子脫離，可是在脫離當中，稻葉也會被打碎，如果稻子是溼的，溼的葉子打碎後會附著在底下的篩網，要是篩網塞住了，穀子沒辦法漏到輸送管，然後進入割稻機的暫存桶裡，反而整個從機器的屁股排掉，那就是浪費掉了。

老一輩人說：「如果米溼了就一文不值了。」現在來講，溼的定義很廣，先看是怎樣溼法。如果稻穀溼了，泡到水發酵，就是臭酸，一臭酸就沒有用了。可是如果收割起來馬上載去米廠烘乾，現在烘乾機設備完善，就沒有這個問題。三年前，池上農民在大雨來襲時搶割，如果是碰到眞正的搶收，其實烘乾機是不夠的。以池上割稻機的數量換算割起來的量，然後再換算一臺烘乾機一次可以裝多少、烘多久，就知道了。一臺烘乾機裝滿然後烘乾，最少要十九到二十四個小時，這也要看稻穀的溼度，稻穀越溼烘乾時數就越長，所以光烘乾機的容量、處理速度和割稻機數量是不對等的。烘乾機也不是每個農戶都買得起的設備，還要騰出一間倉庫放置烘乾機，光建築物就要好幾百萬。以前人講的稻穀發酵的狀況，現在來講較少出現了，除非是在田區裡倒伏，或是連續下雨泡到水，在植株上已經發酵了。就算是這樣，還是要收割呀！只是收成量少了。再來因爲是機械採收，有損傷和沒損傷的穀子還是會混在一起，多少會影響稻米的整體品質。結論就是，大家都希望老天別在收割季時下起大雨。

最開心豐收，最擔憂收割季豪雨

每個世代的農民都一樣，最開心的就是風調雨順大豐收，最頭痛的就是下起豪雨倒稻子。其他方面都還好，病蟲害算是在可控制範圍內，每個時段什麼比較好發，提早預防，就會降低病蟲害入侵的機會。和氣候異常相比，病蟲害相對地比較好管控。稻子倒伏，第一時間延遲，第二成數損傷，比如說原本可以割十割，可是稻子倒伏，可能剩下八割，白白損失兩成。稻子倒了又難收割，眞的很難收割呀！之後還要烘稻子、擔心穀子發芽。當農民，心要放得開，如果情緒起伏太大，就無法走得長遠。我們都灌輸自己一個觀念：「這期壞，望後期。」這樣得失心才不會那麼重，看得越重摔得越慘。

種出好米的條件就是天時地利人和。第一是氣候配合，第二是農民的栽培技術，栽種出好品質的米，這還是要靠經驗累積。池上好幾位米王，關於如何種出好米，每個人的看法和經驗都不一樣，因爲每一塊土地不一樣，栽種的人不一樣，氣候也不一樣。就跟教養小孩一樣，每個孩子個性不一樣，教育方式不一樣，到最後資質也會不一樣。如果用教育小孩的想法來對應到農田就可以理解了，種田幾乎跟教養小孩是一樣的。

農田的未來

農村農業勞動力不足，池上很多老農的孩子在外地，不願意回鄉接手務農，他們的農地通常會承租給其他農民，例如老人家周遭多少會有平時比較常往來、互相信任的朋友，可以問問他：「我現在不能做了，我的田給你做好嗎？」或是朋友主動來問：「你現在不能做了，你的田給我做好嗎？」第二種是請代工，就是自己不要做，從打田、插秧、撒肥、噴農藥，到收割，從頭到尾全部都請代工。有些農民趁價錢好把農地賣掉，這背後有很多因素，家家有本難念的經，有時眞的急需這筆錢，一時之間要去哪拿錢？基本上農民對自己的地是很有感情的，賣地通常是最逼不得已的最後一個選擇，依我的觀念是這樣。

我希望孩子們能讀就盡量讀，不要做那麼辛苦的工作，但孩子如果眞的要回來務農，我也是可以。只是有沒有那個心要學？這才是重點。重點不在父母，重點在他自己本身。沒有心學，回來也沒有用啊！也是三、兩天就放棄了。

爲什麼我說孩子能讀盡量讀？讀越高，知識涵養就越豐富，以後如果要回來做田，我也不反對。現在很多農民都是高知識分子，豐富的知識涵養是個優勢，若回來接手做農，學得快，碰到任何困難時，觀念轉變快。要是本身就有農家子弟的基礎，再加上讀很高，資質就不一樣了。不好好讀書，就算回來也是弱勢，這是事實，不管以後農事再怎麼會做，還是輸一個回來做田的碩士生，因爲頭腦拚不過他。就算認眞學，可是知識涵養不到那邊，碰到問題不會變通，只會死做。但人家變得快、資訊接收快、會主動去發現問題，然後找出問題的答案。

至於磨練吃苦方面，我們本來就是農民，我們的孩子從小就這樣磨練，讓他慢慢嘗試、慢慢了解，我們就是農家子弟，田裡的所有流程就是這樣，這些最基本的你要懂。如果不懂，就算出去外地，最基本的吃苦耐勞就沒辦法了，這要怎麼生存？

吉瓜愛的仙蒂

攝影／簡博襄

在許多觀光宣傳影片中，常可看到歐美日人背著大背包，品嘗臺灣特色小吃，看遍臺灣豐富的人文與地景風貌，他們感受臺灣人的友善好客，如同我們相信臺灣的活力與熱情就是最好的國際行銷。我們期待世界看見臺灣的多元人文風貌，我們在乎這些老外在臺灣停留期間是否有個美好的體驗，希望他們帶著美好的回憶回到自己的國家，告訴更多人臺灣的美、熱情與友善。

但有許多來自東南亞的老外早就長居在臺灣，市場、工地、醫院、漁港、農田處處可見到他們的身影。越來越多印尼看護來到快速高齡化、青壯年人口嚴重外流的鄉間，支援最薄弱的長者照護系統。家中只要一位長輩倒下，全家就開始手忙腳亂，但家庭經濟總要繼續運轉，印尼看護讓一個家能維持日常運作。她們放下自己的家人來臺照顧我們的家人，讓許多臺灣人不須為了照護家人放棄工作。他們從最基層頂起臺灣的經濟，撐起鄉下的基礎照護網，長輩的兒孫大多在外定居，和阿公阿嬤最親近的人來自遠方。她們總提著垃圾袋，在垃圾車到來前的街邊等著。移工是凝視著臺灣的世界之眼，同時又是臺灣最日常的存在，但他們怎麼想，關於在這裡生活的種種感受，卻少有人在乎。當臺灣期待更多老外看見臺灣、認識臺灣，卻忽視那些早就走進來，深入鄉間，頻繁出現在我們生活周遭的東南亞移工們，這群老外離我們最近，卻又最遠。

採訪鄉下移工這個題材，一開始並不順利，並不是每位移工中文流利，好不容易找到一位中文流利的印尼媽媽，開心答應的稍後又向我道歉，因為雇主不允許，說她「丟人現眼」。我感受到這個社會對移工的歧視無所不在，讓他們的聲音如此邊緣，多麼難被聽見。

後來我遇到了仙蒂（印尼名 Karsiti）。仙蒂來自印尼中爪哇，先在花蓮富里當了四年的看護，一年多前，來到池上吉瓜愛社區（富興社區）照顧行動不便的阿公。好不容易找到一位來到鄉間的印尼看護，能夠聽著她的故事，我格外珍惜這樣的時刻。在我面前的是仙蒂的臉，但她所傳達的是許多在池上默默工作的移工之聲。

移工是社會的一面鏡子，映照臺灣社會的內在，映照出我們面臨不同文化的種種準備不足。仙蒂在臺前四年並不快樂，經歷在臺移工常遭遇的血汗勞動困境，不能拜阿拉、證件被雇主扣留、身心自由受限、常被雇主全家責罵、睡眠與營養不足、身心俱疲。「我每天跟阿拉祈禱，一直拜託阿拉，讓我以後遇到好老闆，真的，阿拉有聽到我的聲音，這次遇到很好的阿公。」

來臺工作整整五年，丈夫跟隔壁村的女人跑了，回印尼老家時，兒子認不出媽媽，喊她姊姊，但在印尼的薪水養不起一個家，為了兒子，還是得來臺灣工作。每個移工離家到異國，都有一個理由，仙蒂想要早點賺夠錢，回家開個小店，從此別再和兒子分離。想到仙蒂總有一天會期滿離開，阿公面容滿滿的不捨。

吉瓜愛的人們

吉瓜愛就在美麗的綠色公路一九七縣道旁，位在池上鄉與關山鎮的邊界，是個充滿阿美風情的小社區。端午節前，仙蒂在社區活動中心和大家一起包粽子，社區媽媽們教仙蒂如何包粽葉，仙蒂告訴大家印尼也有類似的菜色。端午後就是伊斯蘭齋戒月，社區媽媽擔憂地說：「仙蒂每天都沒吃沒喝，又更瘦了。」過完開齋節，仙蒂和鄰居媽媽們圍坐在一起挑地瓜葉，再過不久就是阿美族豐年祭，今年仙蒂將再次和大家一同跳舞。仙蒂說阿美族舞跟印尼舞很像，一位媽媽說：「仙蒂，等妳結婚我們跳阿美族的舞給妳慶祝。」

許多在臺外籍看護，一到節日就落寞，但在這裡，臺灣、印尼節慶一起慶祝。吉瓜愛社區的人們開啓我對移工與臺灣社會之間的新想像，一種除了命令式溝通、處處限制與不信任之外的更美好可能。社區工作者與社區媽媽們關照著仙蒂，教仙蒂許多事，和仙蒂聊天，他們知道仙蒂是回教徒，不吃豬肉，而仙蒂每週參加社區關懷據點活動，當社區志工。她中文流利，常擔任翻譯，幫忙附近新來的印尼看護早點適應環境。當兩種文化彼此欣賞，寬容友善的氛圍讓每個人都能自然而然地散發光與熱，如同印尼諺語所言：「每個人都有義務成為暗夜中的火光。」

農民慶豐收，移工慶開齋

二〇一六年的六月比往年熱，印尼齋戒月正巧碰上臺灣夏至。六月二十一號，連續三天的酷熱，離齋戒月結束還有幾天。許多在臺的印尼移工，在高溫悶熱的天候終日勞動，同時必須遵守伊斯蘭戒律，日升後不喝水、不進食，直到日落。

六月底的開齋節，等同印尼新年，正值池上第一期稻收割。農民慶豐收，印尼移工慶開齋，六月底的那個週三晚間，對當地人而言，只是平常的週三，農民剛下工，開著載著收割機的大卡車在路上來回穿梭，移工們的穿著比往常隆重，聚集在週三晚間的夜市路口，相約聚餐，一同慶祝新年。

每週三的池上小夜市，規模不如都市的觀光夜市，但對池上的印尼移工而言，充滿著美食與友誼的撫慰。說到過年，仙蒂最想去臺北的「阿屋拉」，和臺灣各地的印尼移工一同慶祝，可是只有一天假，無法上臺北，和同鄉人約在池上夜市的小吃攤，也是一頓美好的新年晚餐。仙蒂說的「阿屋拉」，指的是臺北車站大廳。

移工們的客廳——臺北阿屋拉，池上小夜市

一到週末，臺北車站大廳的地板上總是圍坐著許多東南亞移工，有些路人對他們投以鄙夷的眼光。但人會聚集，都有個理由，車站大廳地板成為東南亞移工的聚集點，呈現一個事實：「因為他們沒有自己的客廳」，「地板上的圖書館」發起人之一廖雲章說。這些勞工累了，需要同伴的支持與精神的撫慰，在臺灣碰到生活與工作的種種問題，這裡有前輩提供意見。廖雲章常與移工們一同坐在地板上，「當我坐在地板上，常會接收到這種譴責的眼光，但是如果不坐下來的話，是不會知道這些朋友有多厲害的。」

東南亞書店「燦爛時光」在幾年前開啓了「地板上的圖書館」計畫，把各類東南亞書籍帶到臺北火車站，讓移工免費閱讀、外借，一解思鄉愁。書店志工們拖著一個裝滿書的行李箱在臺北車站遊走，怕被警察誤認為是「逃跑外勞」，裝書的行李箱必須透明。

仙蒂說，池上的夜市、超市和印尼店，是她的最愛，這也是池上的印尼移工們採購兼和同鄉碰面的地方。印尼店外表只是個鐵皮搭起來的簡單小屋，在這個大多數池上人都不知曉的小店，賣著他們最懷念的家鄉味。

要不是因為肩負著養家的責任或未來有個夢而離鄉背井，要不是面臨社會處處的歧視與偏見，要不是工作上種種難以言喻的壓力，就無法理解一本書、一瓶印尼風味的醬料、和一群同鄉人說著家鄉話，是多麼撫慰人心。宗教與社交是最大的鼓舞，一個能朝拜真主阿拉的寧靜時刻，一段能和同鄉人聊天聚餐而不受異樣眼光的歡樂時光，臺北車站大廳的地板上，池上週三的小夜市，反應出移工孤身在外最基本的渴求，離鄉背井很難受，擔任看護很寂寞，碰到歧視會難過，語言不通會著急，被雇主責罵會手足無措，他們需要彼此的協助、交流與支持，一同圍坐，就能擁有繼續走下去的力量。

每天清晨五點，仙蒂已經起床，往西邊聖城麥加的方向朝拜，接著開啓一天的工作。仙蒂拜完阿拉，再協助阿公拜祖先，一個屋簷下，兩種信仰，兩種不同的飲食文化。在臺的印尼移工們，大部分是穆斯林，他們遵守伊斯蘭戒律，同時配合臺灣的日常生活節奏。阿公尊重仙蒂的伊斯蘭習俗，讓仙蒂能在家煮印尼食物、外出和印尼朋友聚會、穿著伊斯蘭罩袍 JILBAB 在寧靜不受擾的空間朝拜阿拉。某次訪談結束後，社區的專案經理告訴我，阿公當年是吉瓜愛部落的頭目。

我們總在部落祭儀中看到阿美族頭目的英姿，而這是一個意外的時刻，讓我見到一位老頭目海納百川的風範。

最後一次訪談時，仙蒂戴上頭巾，流暢自信的語氣，訴說著齋戒月的戒律。今年齋戒月不巧碰上臺灣最炎熱的時節，仍須完成每日該做的看護工作。就算在異國工作，還是要再三叮囑家鄉的兒子，要遵守伊斯蘭戒律。那是一種充分展現文化尊嚴的堅定姿態。這位女性，和當初站在阿公身後，用中文自我介紹「我是印尼的，我是外勞」是同一人。一個人、一個文化從來不是只從單面向去理解，而是從各種關係與社會脈絡。仙蒂是移工、是母親、是虔誠的伊斯蘭教徒、是阿公的雙足與助手、是吉瓜愛社區的一分子、是臺灣社會現況的反照。

口述：Karsiti

我的名字沒有很長，你們臺灣叫我仙蒂比較方便。

我來自中爪哇，我們家鄉很大，比臺東還大。池上很小，可是在池上不會無聊，阿美族人很好，他們送我東西、教我跳舞，我覺得這邊不是只講臺語或國語而已，阿公會教我講原住民的話。阿美族話比較好學，跟印尼話很像，我們講的一、二、三都很像，還有眼睛跟耳朵是一樣的話，所以我學阿美族話學很快。

我每個星期二跟阿公去關懷據點，我去那邊很高興，有時候不懂會問他們那是什麼意思，他們就告訴我。他們都知道我沒有吃豬肉，他們有注意我，然後有什麼不知道的事，他們都會教我。阿公不是簽我兩年嗎？今年豐年祭還可以跟大家一起跳舞，明年就沒有跳舞了！

阿美族跳舞跟我們印尼有些地方很像，手、韻律，還有穿漂亮的衣服，我們印尼都有啊！上一次豐年祭在活動中心跳舞，他們借我原住民的衣服，剛好穿得下，我先跟他們一起跳阿美族的舞，他們說：「看看仙蒂妳會嗎？然後我們也來跟妳一樣。」我說差不多啦！我就穿原住民的衣服教他們跳印尼的舞，很好玩。阿美族眞的很好，說話跳舞和印尼有一樣，大家都對我很好，很像家裡的人，我很喜歡在這邊，我在這邊已經一年了，沒有感覺，一下就一年了。

我以前在花蓮時很辛苦，上一個老闆對我不好，他們講話我聽得懂，可是阿嬤的兒子女兒很多，一個人不高興，一群人就對我不好，會罵我，我做什麼都不對，很難過。我難過不會跟別人講，進去房間哭一下而已，跟自己說，爲了賺錢，我要忍耐，明天就沒有了，以後慢慢就習慣了。

在花蓮時眞的很想家，很想回家，想到很難過，常常哭。但是我要忍耐，我就想，家裡有爸爸、媽媽和妹妹，要是回去印尼，我沒有什麼好工作，我書沒有讀很高，找的工作都是不好的工作，賺的錢家裡不夠用，就是這樣子才來臺灣。

我在花蓮時照顧的是洗腎的阿嬤，每個禮拜二、四、六要去醫院洗腎。照顧洗腎的病人眞的很辛苦，我常常沒有睡覺，可是沒有辦法，人家叫我去照顧我就要照顧。因爲洗腎病人不能吃太油太鹹，我吃的跟阿嬤一樣，身體受不了，營養不夠，沒有力氣，變瘦瘦的沒有肉了，常常覺得很累，會頭暈。阿嬤吃的飯都是我做的，吃稀飯，一個月抽血兩次，如果我煮得不對，醫院的檢查報告就知道了，醫生會說：「妳給阿嬤吃不好的，太油了、太鹹了。」所以要很小心照顧洗腎的人。

以前在花蓮的時候，比較喜歡待在醫院照顧阿嬤，耳朵比較清靜。在家裡時，老闆每天罵我，我在醫院就是照顧好阿嬤就好了，不用一直聽他們念。帶阿嬤散步、洗澡、按摩、聊天一下，然後睡覺，這樣很好，我在醫院還胖起來呢！在醫院比較無聊，可是我會推著阿嬤到一樓走一走、看一看、逛一逛。阿嬤出院後，一回到家，我會開始怕起來呢！

我每天跟阿拉祈禱，一直拜託阿拉，讓我以後遇到好老闆，真的，阿拉有聽到我的聲音，這次遇到很好的阿公，也比較好照顧。

仙蒂的一天

五點起來，先拜拜，然後弄阿公的早餐。阿公早餐吃稀飯，我煮好後叫阿公起床、洗臉、幫忙阿公拜拜，拜好了就吃早餐。吃飽後，給阿公坐著休息一下，我整理一下房子，然後給阿公量血壓。每天早晚都要量血壓，量完再給阿公吃藥，吃完藥就按摩阿公的腳。然後就掃掃地，弄好了就帶阿公出來散步，到處走一走。

中午開始做飯，有時候老闆娘會送菜過來，我就不用出去買菜，如果眞的沒有，我就出門去買。我不放心阿公一人在家，趕快騎車到市區買菜，然後趕快回去。差不多十一點開始煮飯，阿公先睡覺，煮完再叫阿公起來吃飯，「阿公吃飯！阿公吃飯！」吃飽了給阿公休息、看電視、吃藥，差不多十二點半，就睡午覺。兩點起來，看看天氣，如果好天氣就晚點給阿公洗澡，下午洗澡比較不會冷。老闆娘會打電話給我，他們很注意阿公，要做什麼就打電話給我，說：「仙蒂，阿公要早點洗澡！」「好！」「仙蒂，要散步喔！」「好！」有時候一些鄰居會來這邊跟阿公聊天，我們不用出去散步，就在這邊聊天，等到阿公洗澡時間到了，他們就自己先回家。

老人很容易肚子餓，差不多四點就準備弄菜，五點煮菜。晚餐後量血壓、看看電視。因爲阿公不能坐太久，差不多七點多就要睡覺。睡前就給阿公按摩、熱敷一下，差不多半個小時。

阿公半夜好幾次起床上廁所，我就要起來倒尿壺。阿公很體貼，常常叫我不用起來，他很不好意思，他很怕我沒有睡飽。

來到池上慢慢變胖了，因為有很好的心情，很高興，每天不會難過，不會緊張。以前我每天一起床，想到今天要做什麼，就很怕、很緊張。現在的老闆沒有管我，有時也會問一下，乾淨就好了，第一是把阿公照顧好就好了。有一天阿公跌倒了，我很怕，一直哭，我打電話給老闆，眞的我好怕，很恐怖，我一直想，是我照顧不對，對不起阿公。那時候我準備好臉盆和水，要給阿公洗臉刷牙，我走前面，阿公在後面，就差一點點，阿公跌倒了。帶阿公去看醫生，照X光，醫生說看看三天，阿公要是沒有頭暈就好了。我好怕，我以後不要這樣子，我要小心了，那樣是我照顧不對呢！可是我的老闆沒有罵我，他跟我說：「仙蒂，妳不是故意的。」

齋戒月 Ramadan

今年五月二十七號開始伊斯蘭的齋戒月，一個月的白天不能吃飯喝水。早上兩點半，你們還在睡覺，我就先起床吃東西、喝水。兩點半起來吃飯，比較不會那麼趕，一超過三點就不能吃、不能喝，一直到晚上七點。我們都習慣了，一個月而已，在印尼也是這樣。身體會受不了，會頭暈、很渴，可是我忍耐。有的印尼朋友會說：「不用做啦！反正只有在臺灣才這樣。」可是這是我的信仰，我一定要做的。

一天拜五次，早上五點、中午十二點、下午四點、晚上六點，還有晚上八點。拜拜前先洗手三次、漱口三次、洗鼻子三次、洗臉三次、手肘三次，然後洗額頭、耳朵、腳，也是各三次。全部洗乾淨，然後開始拜拜，念我們的經，十分鐘就可以。不只齋戒月，平常也要這樣做。我不會覺得累，習慣就好，看我們愛阿拉愛多少。

以前在花蓮時，老闆不讓我拜拜。我剛到時，先問他們可不可以拜拜，老闆娘跟我講：「等一下，我問老公可不可以。」老闆跟我說，臺灣的拜拜跟我們不一樣，我們是信回教，伊斯蘭嘛！他們怕我在房間拜拜，擋到他的神，覺得這樣不好，是禁忌。他叫我在廚房拜拜，我也不要，在不夠乾淨的地方，不可以拜拜。我在廚房拜過，可是老闆一直走來走去，一直看我，我也不行，我們在拜拜時不可以有人在前面走來走去。

來池上後，阿公說我可以在房間拜拜。印尼拜拜的衣服叫 JILBAB，一天穿五次，長長的，全身包起來，只看到臉而已。有的臺灣老闆看到我們這樣包起來會害怕，我的一個印尼朋友穿這個衣服拜拜，她的阿嬤咬她，因爲阿嬤怕魔鬼，不喜歡白色的，好像你們臺灣的魔鬼是白色的，所以我現在都穿黑色的。我怕阿公看到會害怕，一來到池上，我就先跟阿公說：「阿公，我每天要拜拜，要穿一種拜拜的衣服，你不要嚇到。」阿公說他已經看到了，他不會怕，他說：「好，妳拜。」

很多印尼人來臺灣照顧老人，沒辦法拜拜，很多老闆不給印尼人拜拜，因爲他們不認識伊斯蘭，覺得怪怪的不習慣。有的人是因爲工作很忙，有時間就趕快把握時間拜久一點。一天要拜五次，眞的很忙也沒有辦法，才拜三次而已。其實阿拉都知道我們來臺灣工作很忙，不能每次拜拜，可是一天完全沒拜拜也不行，我至少也要拜兩次。

差點變「逃跑外勞」

有的外勞受不了會跑掉，外勞的想法是，老闆一直罵，好像做什麼都不對，很難過，還有生病的人不好照顧，外勞受不了。一邊是老闆一直罵，一邊是病人難照顧。我以前也想過呢！之前在花蓮時，我眞的很想跑掉，衣服都準備好了，眞的，我受不了了。可是我在臺東碰到一個姊姊，她跟我說：「妳忍耐、妳忍耐，以後阿嬤照顧完了妳可以換老闆再看看，好不好？」「忍耐、忍耐」這個姊姊這樣跟我說，她說，這不是我們的地方，我不可以跑掉。我有聽姊姊的話，我每天很辛苦、很難過，三年了，我沒有關係，我想賺錢，老闆好或是不好，我忍耐就好了。還好這個姊姊跟我這樣講，不然我真的會跑掉呢！我全部的東西都準備好了。我的老闆很愛打麻將，常常不在家，阿嬤不能走路，我叫計程車跑掉也不會有人看到。可是我聽姐姐的話，我不敢了。一直到現在，我沒有跑掉，還好現在碰到好的老闆，不會想跑掉了。

如果我們跑掉，警察也會來抓，現在警察常常查我們印尼跑掉的人，在臺北、哪裡都有，臺北火車站那裡很危險，出門要帶身分證、護照，警察會查。如果老闆不給我們護照、身分證，那是不對的。很多老闆都不給外勞，外勞可以打電話檢舉，但是我現在的老闆很好，身分證、護照、健保卡，我都自己放，以前在花蓮沒有呢！

我不習慣臺灣的冬天，印尼沒有冬天，來臺灣冬天很容易感冒，天冷了，頭常常很痛。以前在花蓮時，帶阿嬤去醫院洗腎時，我自己順便看醫生。如果阿嬤沒有去醫院，我不舒服時要先跟老闆娘講，老闆娘會問我爲什麼要看醫生，她心情不好時，就一直念一直念，好像讓我去看醫生很不高興的樣子，我以前很辛苦呢！可是我忍耐。身分證、護照不給外勞，是老闆不對，我會跟仲介講，有時候仲介也不理我們，他們說，沒關係啦，老闆幫我們保管比較安全，給老闆就好了，可是這是不對的。我們會打電話1955（勞工諮詢專線），打兩次、三次，他們不理我，我就一直打、一直打，警察才會來。

我上個月帶阿公去花蓮看醫生，在醫院碰到一個印尼的人，她說她想跑掉，我問她爲什麼，她說她老闆一直罵她、不能用手機、不能拜拜、不能好好睡覺，阿嬤半夜一直叫，很不好照顧。她問我：「妳可以告訴我嗎？哪裡有可以幫我跑掉的仲介？」她住在醫院，在臺灣工作很久了，我看她好瘦，很像很可憐。她問我有沒有幫忙跑掉的仲介，我說沒有，我也很怕有問題，我說不知道就好了，我自己在這邊好就好了。我說我不知道，眞的。

印尼看護在池上

在池上碰到印尼的人，我們都會打招呼，問問他們過得好不好，不一定，一半好，一半說不好。池上印尼看護常碰到的問題是聽不懂老闆的意思、老闆會罵、阿公阿嬤囉嗦，吃飽了說還沒有吃飯。以前我照顧的阿嬤也會這樣，晚上一直講話，一直說那邊有很多人、有很多小孩，常常不能好好睡覺。有的阿公阿嬤會說外勞偷拿錢，可能是失智症、退化，錢自己藏起來忘記了，說是外勞偷拿的。如果老闆了解就沒有關係，如果老闆眞的相信阿嬤講的，喔！外勞麻煩呀！外勞沒有錯，沒有偷拿東西，可是老闆不相信外勞講的，比較相信自己的媽媽爸爸、阿公阿嬤，就很麻煩。我在池上碰過一個老闆，他要我跟他的外勞講，外勞剛來還不會講國語，「幫我告訴我的外勞，她還不懂。」我說：「你要講什麼？」他說：「跟她講，不要理阿嬤，阿嬤說她偷拿錢還是偷東西，都不要理她，我們都相信外勞就好了。」

有的老闆不給外勞打手機，不想要印尼看護跟朋友出去，我不要碰到這樣的老闆，我不想。我們照顧老人很辛苦，可是有的老闆不敢讓印尼的跟印尼的聊天，怕我們講老闆壞話，可是這樣很可憐，印尼看到印尼的，都是一樣地方來的很高興，爲什麼不可以講話？

仲介有時打電話給我，要我幫忙翻譯，池上的印尼朋友碰到不懂的問題，也會打電話給我，通常是問我怎麼照顧、老闆講的意思他不懂，或是老闆給他們放假，他們要出去，不知道火車怎麼講、車票怎麼買、怎麼坐火車。對面新來一個印尼的看護，什麼都還不知道，也不會說中文，我把電話卡借給她了，幸好我在這裡，不然不知道怎麼辦呢！

最辛苦與最快樂

有一次回印尼，兒子叫我姊姊，我很難過，兒子不認識我了，我眞的很難過。我在印尼一個月，我的爸媽、妹妹慢慢告訴他：「她是你的媽媽，你不可以叫姐姐。」差不多兩個禮拜，他才慢慢認識我。他還很小的時候，我就來臺灣了，爸爸也沒有了，跟隔壁村的女人跑掉，只留一點點錢給小孩買東西，就沒有了。所以我想賺多一點錢回去，開個賣衣服、賣早餐的店就可以了。我很難過，孩子還很小，我就跑臺灣，我一直想，媽媽不好，對不起小孩，對不起，我照顧你不好，媽媽跑到臺灣賺錢，那麼遠的地方，把你丟給阿公阿嬤，我自己就想，我是不好的媽媽。我的小孩現在十歲了，我想賺多一點，我想要好好的養他長大，回去後就不用再出來了。

我在池上最開心的是每星期二的關懷據點活動，推著阿公和大家在一起。我在活動的時候很高興，我學阿美族話，學做一些勞作，他們會告訴我那些怎麼做，很愛我，好像他們很注意我，我很高興，活動中心的人都很好。

最辛苦的，現在沒有，都習慣了。在臺灣當看護比較辛苦的是，一個家有幾個人就等於有幾個老闆，每個老闆的個性不一樣，一個叫我這樣照顧，另一個叫我那樣照顧，有幾個人就有幾個不同的事，這是比較辛苦的地方。

我最喜歡去印尼店買東西，回家自己煮。在阿公家可以自己煮印尼的食物，他們不會說我浪費食物、浪費油，阿公說我想吃什麼就自己煮。以前在花蓮時，想吃印尼的東西只能用買的，來池上阿公家後可以自己煮，比較不會浪費錢。

我也喜歡去統冠（超市），那邊有很多印尼朋友，我們印尼人都知道統冠，裡面有賣印尼的東西，買東西比較方便。我們會約在這邊，買東西順便看看我們的印尼朋友。我在池上有很多印尼朋友，有時禮拜三的晚上，我跟阿公說：「阿公，我騎摩托車喔！我想去逛夜市。」阿公說好。夜市眞的有很多印尼人，我們一起逛夜市、吃東西。臺灣有很多好吃的東西，我最喜歡牛排，印尼也有牛排，但沒有常吃，沒有錢，買不起，在這邊比較有賺錢就可以買牛排。還有雞排、珍珠奶茶、涼拌的鴨掌，都很好吃。

印尼人來這邊工作，壓力很大，我們最希望的是能有一個拜拜的地方，第二就是能和印尼的朋友見面，放假時，能很高興地聚在一起聊我們的事情。花蓮火車站很好呢！有一個地方給我們拜拜，池上如果也有就更好了，因爲池上有很多印尼的人，也有很多漂亮又舒服的地方，都是可以拜拜的地方。我還會在池上待一年，希望可以有拜拜的地方，又可以在那邊聊天。

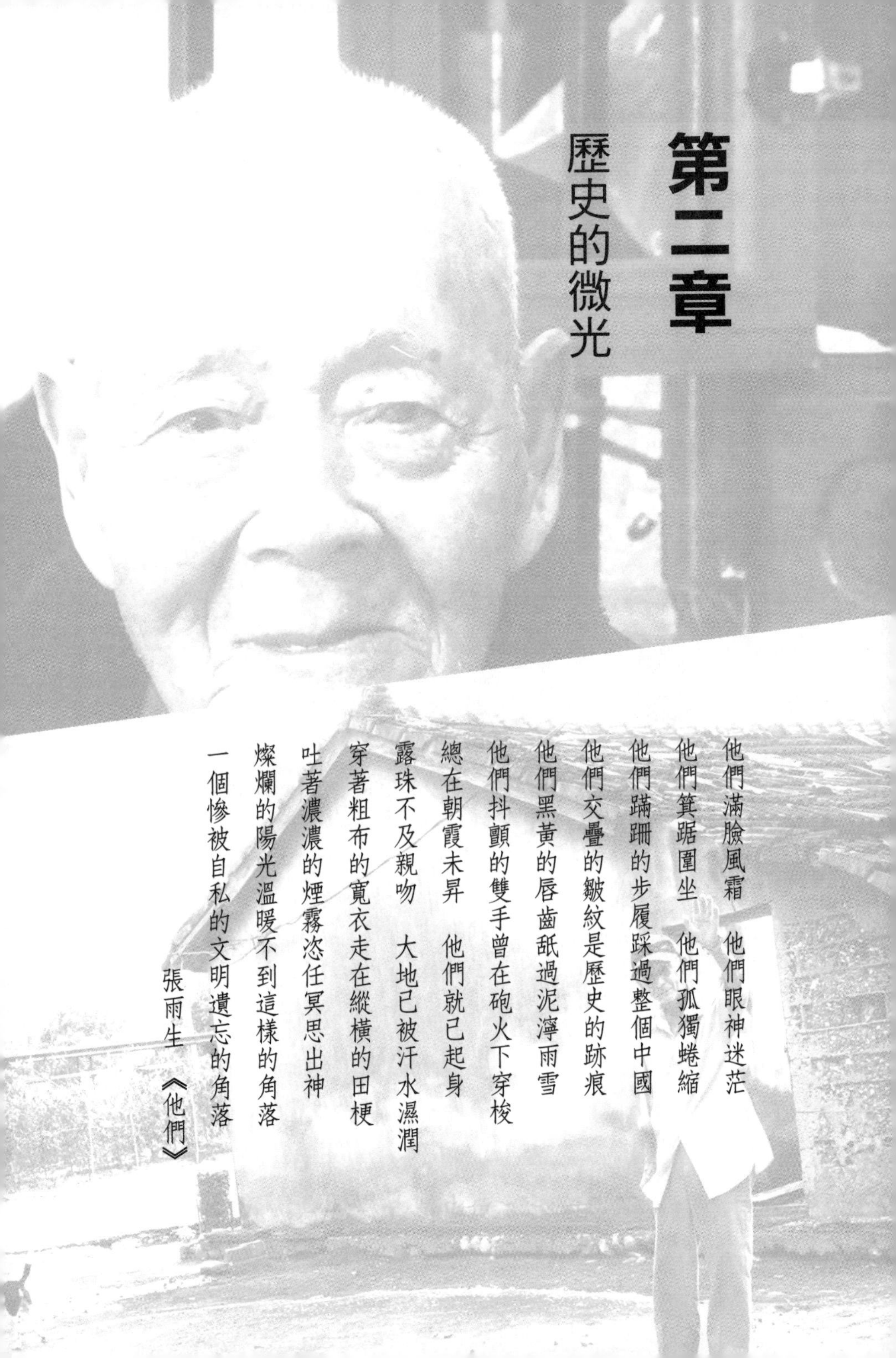

第二章
歷史的微光

他們滿臉風霜　他們眼神迷茫
他們箕踞圍坐　他們孤獨蜷縮
他們蹣跚的步履踩過整個中國
他們交疊的皺紋是歷史的跡痕
他們黑黃的唇齒舐過泥濘雨雪
他們抖顫的雙手曾在砲火下穿梭
總在朝霞未昇　他們就已起身
露珠不及親吻　大地已被汗水濕潤
穿著粗布的寬衣走在縱橫的田梗
吐著濃濃的煙霧恣任冥思出神
燦爛的陽光溫暖不到這樣的角落
一個慘被自私的文明遺忘的角落

張雨生《他們》

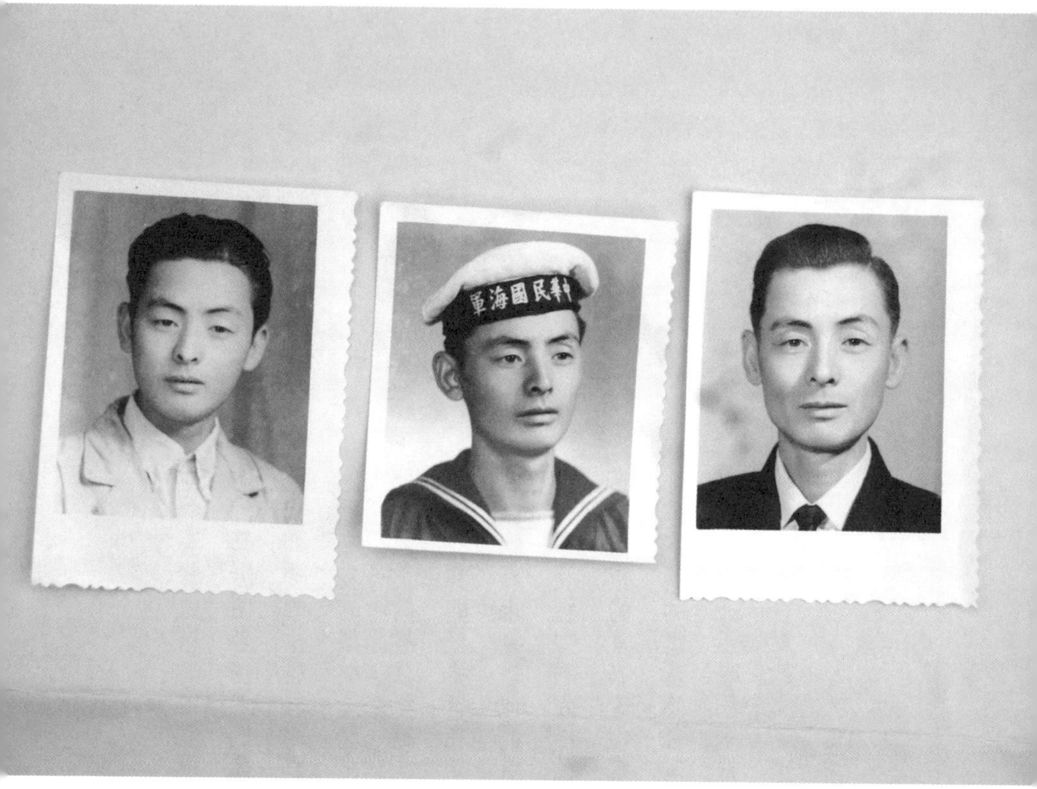
中華民國海軍

石牆之內・歷史之外——農莊的最後一位老兵

攝影／李香誼

池上近郊如今還可見到一種以廣場為中心的集合式矮房，有些屋舍已傾倒、消失，但當年的集體住宅格局仍依稀可辨。民國四〇年代至六〇年代，池上曾有三十六個農莊，是當年單身退除役官兵們的集體居所。池上農莊源於民國四〇年代開始的東部土地開墾計畫，許多榮民在退役後來到池上墾地屯田。

榮民曾經占了池上人口的四分之一，如今剩沒幾位，農莊大多被拆除，有的殘留著矮石牆，有的房舍頹圮、雜草叢生，或者只剩下沒有故事的門碑，過路人視而不見。目前殘存幾個結構完好的農莊，晚間只見幾盞微弱的燈火。

二〇一六年春天，第一次走入當年的一號農莊，拜訪九十二歲的張華福伯伯。這個農莊，因為花東公路開拓，被去掉三分之一，裡頭的老兵，剩最後一位。

伯伯正好在門前掃落葉，旁邊有隻狗對著我猛吠。伯伯說狗不知哪來的，正好一起作伴。客廳牆上掛著一九八四年的月曆，兩側寢間屋頂已塌陷，逢雨就漏水，用一根根竹竿撐著。這裡曾住了二十幾人，最後幾位，陸續進了榮家。旁邊的花東公路上，遊覽車、小巴士載著一車車觀光客進入池上，來此品嘗美食、享受美景。聽著未曾間斷的呼嘯聲，我感受到時代被遺忘在一旁。

華福伯伯在抗戰中失去父母與兩個弟弟，進入部隊後，和唯一的哥哥從此分離。退役後來到池上，成為以場為家的農莊勞工，一輩子獨身，一輩子都沒有回家。

時代亂流淹沒這群人們，搗亂他們的青春，就算戰爭結束，他們仍然帶著無法抹滅的生命傷痕繼續活下去。對這群人而言，國與家的意象到底是什麼？社會建立新秩序，臺灣走過經濟起飛與產業轉型，年輕世代對國家與歷史逐漸建構另一種新詮釋，這一切都和這些在池上荒地拓墾的退役勞工們無關，他們不斷走向社會、經濟與政治的邊緣，不斷地退，先是退了大半個中國，然後退到臺灣社會的一角，最後退到榮家。

至今我訪談過的池上老兵，不管是榮民或是臺籍日軍，都屬於基層士兵，大多是被強迫徵召，就者因走投無路而從軍。老兵們的經歷引導我用不同的視角看待人生，雖然他們的故事通常令人悲傷，但我並不希望大眾只從憐憫的角度來理解這群人，而是從一位基層士兵的視角，去窺見戰爭運作的本質，看到戰爭難民、基層士兵、勞工這三個身分是如何在張伯伯的生命軌跡中交疊。少數高層為了爭奪利益與權力掀起了鬥爭，無辜的農民與勞工紛紛被送上戰場，那些當權者建構出來的正義論述過度膨脹，逐漸變成另一種邪惡，群眾之眼被遮蔽，一種看不見的龐大利益靠著殺戮不斷被滋養，不斷擴張。戰爭讓人民流離失所，流離之人成為兵力的來源，那些在戰火中被迫離家、失去父母兄弟的孩子們，終究也會拿起武器，變成士兵。

問伯伯為什麼從軍，他說，那也是沒有辦法。關於這個問題的答案，得從出生時已陷入動盪的世間講起，先是日本人進入中國，然後進入伯伯的村莊。我問的是從軍的理由，他回答的是人生，這個問題，要用二十年的青春來回答。

伯伯拿出收藏的三張照片，排成一排。從左至右分別是伯伯二十一歲入伍前、二十六歲在前線駐防時，以及三十六歲退伍後所拍的照片。望著中間這位二十六歲青年哀傷的眼神，想著照片中的他到底經歷了什麼？如果戰爭沒有爆發，如果沒有被迫離開家鄉，二十六歲的年輕人該是過著什麼樣的生活？我想起某天往大坡池的散步途中，遇到了阮阿姨，她說起童年關於池上榮民伯伯的種種回憶，提到了華福伯伯：「我小時候就看過他了，我常注意那位伯伯，因為他長得很帥，溫文儒雅，氣質像以前的老紳士，但看起來好像很壓抑，心內有很多傷痛的感覺。」

訪談一開始，伯伯攤開《榮光報》，那是專給榮民閱讀的報紙，先講起古寧頭戰役。「想看榮光報，可以請隔壁的老兵訂，妳家附近有沒有老兵可以訂的？住隔壁的？」我說：「隔壁的，沒了。」「沒了啊！」伯伯笑了一下。

當年戰場老兵一個一個走，而戰爭在這個世界上仍是現在式。伯伯說，他已經把電器和一些生活用品送人，只留電視和一臺代步的老腳踏車。若需要打電話，就騎著腳踏車到街上的公用電話亭。衣服都是在附近水溝手洗，連公部門的各項福利津貼都沒去申請，有時搭乘鼎東客運去臺東馬蘭榮家，先看看未來的住處，心理適應一下。伯伯沒有申請優惠長者的免費乘車證，他說留給更需要的人，先處理好這一切，放下所有，因為不知哪天會進榮家。看著地上的落葉，伯伯說：「我們啊，就像這堆枯葉，風一吹就得散。」

口述：張華福

民國三十八年十月二十四號，共產黨登陸金門古寧頭。二十四、二十五、二十六，三天激戰，到二十七號已經尾聲，分出勝敗了。共產黨要是打贏了被登陸，現在就沒有金門了。中國那麼大的地方，很快都被毛澤東占光了，可是金門，就在眼前，對面老百姓每天就這樣看，砲也打得到。就這麼小的地方，就這麼近，等於一直在眼前看著，你看毛澤東多氣。所以講起來眞是……唉……這個叫歷史恩怨呀！從這一次之後呢，兩邊就常打。

民國四十一年十月的南日島戰役，剛好我駐防金門。那時永春、泰安、瑞安這三條船正好在金門駐防，我在瑞安艦上，所以通通去參加打南日島。這三條船是護航驅逐艦，專門護航登陸艇，打南日島時，三條主力艦就是靠這三條船去掩護登陸。共有七條船參加南日島戰役，美頌、美樂是登陸艇，中興號是老百姓的船，被海軍拉來當登陸艇用，德安也是作戰船。

我們這三條船，由泰安艦帶隊。海軍在戰區裡打仗時，誰帶隊不是上面派的，只要海軍一塊出任務，馬上就知道哪一個是帶隊的。同樣大的船，就看艦長的年齡，只要是一塊兒走，不管是三條、四條、八條船，哪個年齡大，哪個帶隊。要是兩個最大的船的艦長年齡一樣，由先升級的帶隊。只要一打仗，就是這樣臨時馬上。

十月十三日，還不到午夜十二點，陸軍開始慢慢撤，到天亮前就撤光了。在南日島三天三夜，對那個島又不熟，帶著俘虜、搶劫就撤走了。我們這三條船是主力護航，一直等所有船通通撤光，太陽也差不多竹竿高了。大約隔日早上八點鐘，我們三條船才回金門。

九三砲戰

民國四十三年的九三砲戰前，從四十三年的一月到六月，慢慢把大陸帶來的兵換防，新兵一部分、一部分地補充到前線去，這時候前線開始有新兵了。所以從四十三年的九三砲戰以前，兵通通是大陸人，大陸來的老兵一部分、一部分地慢慢撤，撤下來整編，同時慢慢補充臺灣來的新兵，這些新兵都不是從大陸帶過來的。金門防衛司令部的司令也從胡璉換成劉玉章。前後補充了六個月，不能一下子全部都是新兵，要是上戰場通通都很害怕，怎麼辦呢？一班十二個人，大約有六個臺灣來的新兵，都是第一次到前方。裡面的幹部，像中下士、班長，都是大陸人比較多。這六個月內，部隊全部補充完畢，再過三個月，到了九月，就打了九三砲戰。

以前新兵當兵都不願意到前方去，對面看得清清楚楚，晚上大陸往臺灣廣播，說臺灣什麼不好，臺灣也對著大陸廣播，兩邊的擴音器這樣對著廣播，中間隔著那個海，看起來根本不是海，像是湖呀！兩邊砲戰常常打的呢！離太近了嘛！

之後發生兩次大砲戰，一個是四十三年的九三砲戰，一個是四十七年的八二三砲戰，八二三跟九三比，新兵就更多了。所以九三砲戰裡有很多臺灣來的新兵，都是第一次當兵，那些小孩還年輕，很多是鄉下來的，傻裡傻氣，到前線很害怕，晚上睡不著覺，不能一下子就要他打仗，這不行啊！通通都害怕怎麼辦？那都要訓練的，要讓他先習慣，跟老兵混在一起訓練，要他在前方天天看，看著大陸，看得清清楚楚，如果不，怎麼打呢？爲什麼要換新兵？不換，老兵都老了，不換不行呀！有的老兵是沒有受過正式槍械訓練的老百姓呢！當初直接進到部隊，從大陸帶過來的。把這些老兵調到臺灣整編整訓，有的年齡大就讓他退伍了，年紀輕的繼續留著。

那時候臺灣剛經歷日本時代，所以臺灣來的新兵好多不會講普通話，只能慢慢地講，說起來眞是麻煩。很多新兵也不會游泳，若派他到船上的哪個班，還要特別跟班長講，要裡邊的弟兄特別注意，不要掉到海裡去了。開船時要注意看，要是不小心掉到海裡，一見到人掉下去，就要趕快跳下去救他，衣服都來不及脫，不然掉下去一往海裡沉，就抓不到了。不救他，他也有家人，這個很難受、很痛苦啊！老兵都有訓練，在海軍學校，游泳是主科呢！所以那時船上的艦長不願意放老兵走，也不願意給調，可是新兵他又不願意要，怕他們聽不懂指令、不會游泳，可是不要也得要。所以新兵不能負責帶話、聽電話等轉達的工作，只能做固定工作，好比遞拿砲彈，老兵負責把砲彈放到大砲裡，新兵在後邊遞送。

那時候的港口就在大金門與小金門中間，大金門和小金門中間隔了一個水道，大金門有碼頭，小金門沒有碼頭，大金門形狀好像一個大的扳手，小金門就在這個扳手的對面。小金門後邊就是廈門港口，所以從金門這邊一出港就是對著廈門港口。如果金門和廈門兩邊打起仗，我們的船就不能進港，爲什麼不能進港？就因爲這個出口的關係。我們的船從大金門邊上走，要是碰到退潮，水較淺時，就非要走出來，在廈門港口前這樣轉，這很危險呀！漲潮時，就可以從邊上轉過來了，不用非經過廈門港門前。所以共產黨就是挑水淺的時候打的呀！

潮水和月亮對軍事非常重要，陰曆在軍事上是很大的學問呢！潮水哪個海軍不知道？

爲什麼？初一、十五，尤其是八月十五，潮水更大，共產黨要是滿潮的時候打，我們的船就可以圍著大金門從別處跑了，要是落潮時打，想跑就非要走到共產黨面前來。

四十三年的九三砲戰，就在農曆八月十五前，對陸地沒有打得很重，對方最主要的目標是打金門港裡頭的九條軍船，他們想把那九條船都給打沉。九三砲戰時不算漲潮，當時應該算是退潮，怎麼說退潮呢？那些軍船都在港裡頭，就這麼跑來跑去打轉，出不去。後來一條軍船都沒打中，就是把一艘載著香蕉、柚子、罐頭等中秋節慰勞品的船給打沉了。從此以後，大船小船不敢直接進到港裡頭，一到港裡頭，一發現有狀況馬上又走掉了。

民國四十七年的八二三砲戰，主要是打陸地。到了八二三，新兵更多了，他們在臺灣有家人，所以之前三十八年的古寧頭，共產黨登陸大金門，和四十三年的九三砲戰，後方還都不大知道。到了四十七年的八二三砲戰，裡面差不多超過一半是臺灣來的新兵，打傷的會寫信回家，沒打傷的也寫信回家。「我很好，沒有事，很平安」「我現在住院，腿打斷了」，有的部隊裡頭給家屬寫信，說他們的小孩被打死了，家人看了都會哭啊！所以後頭一直宣傳，老百姓通通都知道了，大家都知道這個八二三。

臺海防線上的槍帆二等兵

我以前是海軍，待海上部隊，艦隊駐在澎湖，工作的地方就是金門和馬祖的防地。去金門駐防的是三條大的作戰船，打仗的大船，三個魚雷快艇，用來打魚雷的，還有三個和漁船差不多大的小砲艇。到馬祖駐防，同樣也是三條作戰船、三條快艇、三個砲艇。

沒打仗的時候，駐防的三條作戰船，一個休息，一個在港口值更，一個在臺灣海峽巡邏。從金門往南和往北巡差不多五十海里，向南往廣東、香港的方向，向北就是到金門馬祖之間的烏坵嶼，然後再調頭。在馬祖駐防的船也一樣，一個在港裡休息，一個在港口值更，一個在臺灣海峽巡邏，三條船輪流，以馬祖爲中心，向北巡五十海里，就在臺灣海峽上再繞回，往南邊也是到烏坵嶼，再掉頭回馬祖。快艇、砲艇不在海上巡邏，就圍著金門、馬祖轉，也是一條圍著島轉，一條待命，一條休息。

我那時的階級只是個槍帆二等兵。輪機是在船下面操作機器的，通訊是專門做通訊的，我們槍帆就是保養甲板、保養船的外體。槍呢，是槍砲，帆，是帆纜，我們這個兵是二合一的，平時工作是艙面保養清潔工，作戰時，槍帆兵全部都在砲位。砲位也有分比較重要和不重要的工作，最優秀的兵，離砲最近，負責把砲彈裝進砲裡。後頭傳砲彈的最少三個人，這也是比較聰明、動作靈巧的兵。比較不熟練的新兵，就是在最後來回搬砲彈。瞄準敵人另外還有兩個人，坐在砲位上，調高低的是砲長，調左右的是副砲長。戰爭的時候，砲彈沒有眼睛，要是有人陣亡，後邊馬上往前補。假如船上人不夠，那沒辦法了，差的也要朝前補，打仗打到最後，兵的素質就更差了。要是砲位被打中，流血了，打一桶水沖一沖血，馬上後邊人補上，第一裝彈手，馬上爬上砲位，第二個裝彈手，馬上遞補到第一裝彈手。要是人被打死、打傷，就拉到旁邊去，旁邊有醫務隊，一個船配有一個醫官、一個醫務上士，另外還帶幾個醫務兵，能救的臨時給他急救一下，不能急救就沒有辦法了。有時候仗打得太激烈，彈殼太大、太多了，都是直接往海裡推。

不管打什麼仗，每個大小砲戰通通都是這樣。不只打仗，平時只要船一出港，馬上就是三班制，三分之一在戰鬥部位，第一班上砲位值更，值更就是裝上子彈，坐在砲位上，一有情況，砲馬上就可以打出去，一拉緊報器，所有人通通備戰。艦長、副艦長都集合到船中間的指揮臺，槍砲官在船的前頭指揮砲口，一個船只有一個槍砲官，另外還有一個是槍砲軍事長，在船後半段。要是這邊有敵人，那邊也有敵人，就是各自指揮，前面由槍砲官指揮，後邊由槍砲軍事長指揮。要是對空，兩邊都用指揮儀瞄準飛機，如果飛機近了，就是各砲齊放，砲火指揮儀就不搬了，完全自己瞄準。假如砲火指揮儀被打壞了，由上面發布命令，自己瞄準目標，以這個船的船頭為零度，好比右旋砲幾度、仰度幾度。

以船上比較大的砲來講，對空打飛機的都是爆炸彈，若是專打地面、部隊、民房這些平地作戰，也是爆炸彈，爆炸彈的爆炸威力強。假如目測這個地方的老百姓很多，打民房就是爆炸燃燒彈，一爆炸，立刻引起火來。要是打海上目標，或者陸上碉堡這種比較堅硬的建築工事，多半是用穿甲彈。穿甲彈的彈頭上有一個鐵，不是馬上爆炸，而是可以有時間穿透進去，然後爆炸。穿甲彈專打碉堡，或者是比較大的船，像驅逐艦，鋼板很厚，一般爆炸彈打到那變成鞭炮，不能打進裡面，穿甲彈就是專打硬的東西。

比較小的砲，是像機關槍那種連發的砲，叫副砲。每個船大的砲叫主砲，小的砲叫副砲，咚咚咚咚咚咚！就這麼連著發射，咚咚咚咚咚……！一分鐘可以打出一百二十發砲彈。副砲專打近的，好比飛機要近了，副砲、全砲一起開放，一同往敵機打過去。有時飛機載著炸彈，不怕死的向船衝過來，被砲火圍到走不掉，逼得他沒辦法了，非要這樣，「反正都會死嘛！就衝過去吧！」不管最後成不成功，反正都是死了，走不掉了，只能向船衝過去。只要在前方打仗，有時候就會碰到這種事。

打起仗，不管是誰，都有害怕的時候，但是，同事都在，大家都一樣，哪有不害怕？人人都害怕，可是打起仗來，也沒有辦法。我在的那條船，砲戰不算，光是平時巡邏總共死了三個人。我們當時在臺灣海峽上巡邏，就在大陸邊上走，眼睛看得清清楚楚，他就打過來呀！對面那個地方剛好有幾門砲，突然發布命令齊放，七八門砲一下打過來，突擊呀！像那種情形，要看情況，我們沒有掩體，就沒辦法跟他打。身在前線，就是這樣。

生於亂世

會去從軍，那是沒有辦法。我民國十四年六月出生，住在安徽蚌埠東邊的第二個小站，叫門臺子，就像池上這樣的小地方。那時地方軍閥到處占地為王，這些地方勢力，都有幾十萬人呢！我還在媽媽肚子裡時，中國就亂了，媽媽就開始逃難了。清朝皇帝退位，建立了民國，還是一樣亂七八糟。民國二十年，中華民國才二十歲，日本就來打中國了，叫九一八事變。

九一八後，中國北邊幾乎都被日本人占了。民國二十六年盧溝橋事變後，日本急著要把中國滅亡。盧溝橋在河北，河北那個時候也被日本人占了，所以民國二十六年後，逼著中國沒有辦法不打。如果不打，中國就可能被滅了。

民國二十年以後，中國就不斷訓練部隊，部隊訓練夠了，民國二十六年就趕快打，那時候光跟日本打仗的就幾百萬部隊，所以才叫抗戰。假如沒有那幾百萬的部隊，只有三十萬、五十萬，沒有辦法抗，中國那麼大，一分散都沒什麼部隊了，要怎麼抗？日本人從前面一邊打，最早是預定三個月就把中國打垮，只要把主力打垮，就等於是亡了。所以後來中國一看，不能硬拚，完全用抗的，就是守，完全用守的。所以中國步步守，日本步步攻，這樣拖來拖去。日本最後一次攻打，是湖南桃源通常德，也就是洞庭湖西邊的這兩個地方，最後一次攻打不到一個禮拜，又被打回去。日本爲什麼要無條件投降？不投降，前方也一定攻不動，慢慢地都在退，慢慢地消耗，那最後不是完了嗎？日本人口少，年輕男人都被徵光了，沒多少男人了，戰線又拉到中國、東南亞，戰線那麼大，都需要人，所以到最後，日本人把臺灣人、朝鮮人也給徵兵了，補充到部隊裡。沒有辦法，不然沒有人了啊！到後來，也攻不動，拖到最後，德國投降了，歐洲戰場結束了，只剩日本一個，慢慢地又是消耗，等到美國投了原子彈，第一顆丟在廣島，第二顆丟在長崎，要是再丟一顆到東京，那日本不是亡國也滅種了？這怎麼辦？只能無條件投降。

九年難民

所以為什麼我要當兵？這也是沒有辦法。先從民國二十年日本打中國講起，光九一八就把中國占了那麼多，從民國二十年到二十六年，這一段時間中國就訓練出那麼多的部隊，如果不打，將來沒有希望，被占領那麼多地方，還要被日本人趕出去呢！二十六年陽曆七月七日盧溝橋事變，日本人想逼著中國投降，在很多地方燒呀、殺呀，連吃奶的小孩，拿槍戳起來給他弄死，逼著中國投降。到民國二十七年農曆二月，日本人已經到了我的家鄉，我們門臺子那一帶差不多六、七個村莊的老百姓聯合起來想，沒辦法了，大概一百七十多人，裡面有親戚朋友，大大小小只能趕快離開戰區往外逃。我民國十四年生，民國二十七年農曆二月逃離家鄉，我們家一共四兄弟，沒有妹妹，我是第二，加上父母，就六個人，一起逃難到後方去。

那時國家會收容逃亡到後方的難民，叫做義民，小孩子就叫義童。我們白天偷偷走，夜晚幾個壯丁聯合起來，外邊放上崗哨，千萬不要碰到日本人。就這麼一直走，離開日本人的區，到了安徽省的中國部隊占領區，才申請到坐火車，繼續往後方。我們難民坐的車，就像現在用來載煤炭的那種車，沒有客艙座椅的。在火車上，有些小孩是父母沒有了，有的是父母來不及跟上，那些小孩，假如還能在地上爬，就是把他們撿了，繼續用火車往後拉。那時政府已經遷到後方重慶，大伙兒一路跟著國家往後撤。載著難民的火車沿路走走停停，讓軍用車、補給車優先過，整整七天七夜才到漢口。能住久一點的就是漢口的難民收容所，我在那住了差不多三個月，一天一人補助一角錢，一角錢可買稀飯十碗，或買油條十個。

我們繼續朝後撤，民國二十七年農曆五月節，又撤到湖南長沙。第二天天亮，我們在長沙東站下車，在一間民生工廠住了差不多兩個禮拜，又朝後去了，到了湖南常德，住了差不多一個月，又到湖南桃源。我在桃源住了三年多，就在那裡的難童學校讀書。難童學校是救濟機關設的，教課的是中華基督教會的老師、牧師、紅十字會的志願工、軍人眷屬，還有難民裡頭認識字的，全湊起來一起教書。那時後經濟很困難呀！一本書發給我了，就用報紙包起來，報紙寫上我的名字。我讀完了，老師就把書收回去，報紙拿掉，又用另外的報紙包起來，交給下一班，你看，這就是難童學校。所以我那時候還能讀書，現在來講等於是小學畢業，如果沒有小學畢業，後來就沒有辦法進海軍。海軍裡頭最起碼也要小學四年級以上，沒有認識點字就沒辦法。

民國三十二年七月，從難童學校畢業，那年十一月，日本攻打常德、桃源。常德、桃源都在沅江邊，日本人就是根據這個水路，好讓船隻、軍艦進來，卸除武器、飛機。那是日本最後一次往前攻，在中國戰場上，日本也沒辦法了，攻不動，就是守了，我們這邊守，他也是守。從此以後日本只有往後退，沒法往前攻。民國三十二年，日本人打常德、桃源時，我就從桃源逃到湖南沅陵。

逃難九年，那時醫藥又不發達，到南方不服水土，我父母和兩個弟弟都病死了，最後一個走的是我媽媽，就在日本投降的前幾天。最後只剩我跟哥哥，兩個孩子比較年長，抵抗力也強一點，一直到民國三十六年，只有我們兩個回家。國家用船把我們送回來，第一站送到漢口，第二站送到南京，在義民返鄉收容所住了兩個月，後頭每人分四袋麵粉和兩塊銀元，自己回家。等我回到老家，就是芒種的時候了。

抗戰勝利時我已經二十多歲，家裡就剩我跟哥哥，我父母沒有地，也沒有錢，就是住我的舅舅家。我舅舅家也只剩他一個人，我的舅母、表妹、表兄弟，都被日本人整死了。後來兩人也沒有辦法，哥哥就在家附近到處找工作做，我就跑到南京找零工。那時候還年輕，在南京時，我看了海軍的廣告，覺得很神氣，又能放假，那時候做工也是很勞累，我就去了南京上海之間的一個海軍訓練營，之後跟著海軍，撤退到臺灣。

到臺灣

民國三十七年，進入海軍，三十八年二月一號，第一次到臺灣，就在高雄左營登陸。我在臺灣受訓，一開始派出去服務，就是在金門、馬祖駐防。這一次在金門駐防，下一次出去可能就在馬祖駐防，所以我就一直在金門、馬祖、臺灣海峽。

後來身體出毛病了，船艦也被打壞報銷了，我被派到快艇隊，就在那個快艇隊退伍。我之前就想請求離開，我想，我們那時候都想，在部隊只是一個暫時，過了一段時間好離開，自力更生。後來在前方病得太重，又沒有辦法離開。以前在前線的艦長，那些當官的，不願意要後方的新兵，別的單位要來調人，老兵他又不肯放，這些老兵，說起來……前線老兵有好多身體都出毛病了。我的第一期肺病，在軍中醫院他們不敢講是肺病，只說我的肺有點破皮。上面不肯給我走，只叫醫院打個證明，跟海軍總部要兩份伙食費，一份當補養費，一份公家吃，六個月看有沒有好，過六個月再沒有好，沒有辦法了，才會把你調到陸地去住院。要是現在，只要說得了肺病，馬上把他給弄走。

我是因病退伍，我到池上以前，在鳳林住了一年醫院，到池上後，老毛病又犯了，還是到鳳林去住了一年。我們退伍都有兩套灰色軍服、兩雙球鞋、一個被子、一個毯子、一個睡覺鋪的草蓆，還有蚊帳，全部捆起來，寄到池上這個場部。我一來池上就到了一號農莊，從民國四十九年六月，一直住在這裡，直到現在。

以場為家：一號農莊

以前這裡原本叫「組」，池上一共有三十六個組，一個組等於一個排。大陸那個大喇吧廣播器，就拚命往金門喊：「臺灣人民公社！臺灣人民公社！」就是講臺灣的這種農場。大陸有人民公社，臺灣也有人民公社，所以差不多在六十幾年的時候，才改名成莊。

我民國四十九年到這裡，每一個莊大概有二十幾個人，裡頭都住著開田的老兵，在這集體生活，自力更生。當時第一農莊原來是個草房，旁邊還有養牛、養豬的地方。第一農莊開田的有二十三個人，其中七人是單獨作業，分別負責煮飯、種菜、養牛、割牛草、養豬、割豬草，加上一個放水的，其餘的人全部做團體工作。

我最先是跟著裡頭做團體工作，天亮就起來吃飯，吃了飯後，就是開田，太陽一落，就收工回來吃晚飯。每個莊都有七位負責單人工作，主要是爲了增加生產，弄小牛、小豬來養，生了小牛小豬，就拿去賣，賣的錢就歸大家。爲什麼還需要一個人專門負責放水？以前這個田剛開，土很薄，水吃得很快，圳水又不足，必須輪流灌溉，時間一到，水門關閉，輪給別的莊。每個莊最多報三甲地，就算有再多地都只能報三甲，同一條水路上，再來分時間，一天二十四小時，看這邊報了多少地，應該分多少水。所以專門有一個人負責放水，抓前、抓後，要是能輪到白天時間放水，那多好啊！誰都願意，可是有時會輪到半夜時間放水，所以負責放水的是單人工作，不參加團體工作，光是管放水。

每一個組住二十幾個人，我們這些來自中國東南西北的人就共用一個戶口本，每個人只有身分證，沒有戶口本，怕人一拿到戶籍就跑掉。那時候上面是希望我們把農場當作家了，希望我們在這裡，不要離開，好好地開路、開田。可是西部經濟往上漲，很多人不願意待在這裡，跑到西部去找工作，就算沒有戶籍，光拿著身分證，心一橫就跑了，走了，不要了。在西部比較有發展呀！做零工也好，在這裡沒有什麼生產，也沒多少錢。去西部，至少有希望呀！

離開農莊，每一個都想，可是沒有辦法，要獨立，我們沒有高深的教育程度，寫字、做什麼都不行。我以前老是生病，錢又不夠多，就是這樣在農莊待著。那時候就已經很清楚，自己錢不夠多，沒有辦法成家。就算想成一個家，我在抗戰時也看到了，有一對夫妻，帶著小孩一起逃難，太太死了，那個丈夫哭，旁邊的人說：「哎呀，人都死了，不要哭了，算了，你哭也沒有用了。」他說：「你不曉得，我老媽死了我也沒這樣哭。」他就這麼哭乾了，你看看這個小孩，要是沒了父母，將來流浪在外，怎麼辦？怎麼照顧？我不娶老婆，是因爲戰爭時看到了這些，加上沒有多的錢，不能買個房子，也沒有錢做個小生意，最起碼做個小生意，可以過生活，不然是受罪呢！我民國二十七年農曆二月出去，到三十六年的芒種回到家，前後整整九年在外頭，死掉那麼多人，死傷那麼大，所以我心裡現在最恨的，是那些搞起戰爭的人，沒有毛澤東，沒有日本人，我就不會受罪了，現在也不會這個樣子。

我們老兵，到最後還是……不管怎麼講，能夠自己照顧自己，就是先在外頭自己生活。到最後沒有辦法，還是退……退……退，退到最後那個地方，進到榮民之家。我現在這樣子，再也不敢想著出去了，就這麼一拖再拖，最後，申請進榮民之家。現在榮民也越來越少了，臺東馬蘭榮家和太平榮家也合併了。

以前農莊裡還住很多人，都是我們這些單身的住在一塊，只要結婚就搬出去，在外頭蓋個草房，有的借錢，蓋個廠房自謀生活，沒有結婚的就在這裡。民國八十九年的時候，這裡還有七個，就是這樣。所以……眞是……唉，尤其是我們這些當年差不多十幾歲的，我民國十四年生，是農民的小孩，在媽媽肚裡，媽媽就在逃難，民國二十年九一八事變，二十六年盧溝橋事變，後頭接二次世界大戰，然後又到了臺灣，這個要說起來，人家說家家有本難念的經，我們老兵是人人有本難念的經，我這一本經，最終……眞是……眞是國家的悲劇，國家的、歷史的悲劇。

後記

生命如長河，匯進大江，流往大海，注入一座島嶼，化為涓涓細流，轉入一個後山小鄉。曾經拓墾分得的土地已交給國家，換得一個榮民之家的床位。住處附近的兩位榮民朋友、固定去的早餐店、自助餐店，是伯伯與這個鄉的唯一連帶。能問候的親戚只有住在臺中榮民之家的一位遠親，但也已經六年沒有見面。所有的證件與電話卡，一直放在胸前的口袋，這幾張小紙，是對他一生最詳細的交代。

伯伯住的地方雖然老舊，部分已頹圮，但可以感受到四周所有的生命體被伯伯柔和地對待。房子旁的蘆薈長得茂盛油綠，周邊整排樹木被伯伯修剪得整齊，充滿朝氣。春節前夕，老房門前還會配上一個亮紅喜氣的新春聯。伯伯說，房後那片竹林，在夏日帶來些涼意，颱風時，為他擋了許多風雨。

收留的那隻花狗，越來越健康漂亮。伯伯說，狗兒來了一年，才肯讓他摸。過去不知道經歷了些什麼，眼神仍帶著恐懼與不安，就算不肯讓我靠近，每次拜訪伯伯，狗兒總是有精神地吠叫，搖著尾巴歡迎。伯伯替狗兒買了飼料，為牠蓋間遮風避雨的狗屋，兩個孤獨的靈魂，一同作伴。

二〇一八年二月一日，和一位朋友再度去探訪伯伯。伯伯說，能夠獨立在外自己照顧自己是最好，但現在身體毛病越來越多，感覺身上的包袱越來越沉重，已經申請進入榮民之家。道別前，伯伯囑咐了好幾次：「你們要好好把握青春。」

我們無法改變過去，這些人們所背負的歷史傷痕，再也無法痊癒。看著那些活在歷史背面的人，我們只能從一位老兵的生命刻痕去遙望一個亂世。寫下伯伯的故事，因為每個人的存在都對這個世界有著獨特的詮釋意義，不該只是用幾張身分證明交代過去。

湖北、金馬與池上——關於活下去的藝術

攝影／李香誼

「您當初向所謂的敵人射擊，到底是為什麼？」一位記者曾向前西德總理 Helmut Schmidt 提了這問題。

「我不知道有多少村莊因我們的攻擊而陷入火海，我們必須殲滅敵方據點，這是命令。我也不知道，有多少伊爾—2 攻擊機被我們從天空擊落，這就不是命令了，這是自保。俄國飛機對著我們掃射、丟炸彈，我不是為了命令射擊，而是因為敵人對著我射擊，我想要活下去。活下去這門藝術，是真正的藝術，是學來的藝術。倒下的通常是年輕沒經驗的小伙子，而老兵總知道把自己藏在哪。」[1]

Helmut Schmidt 在二戰期間當了八年的軍人，身為前西德總理，已經習慣每天來自媒體與政敵、民間與國際間的各種問答攻防，但他坦言，這個問題還是讓他有些錯愕。

不管這些老兵後來當了德國總理，還是在臺東鄉間默默生活的老人，這個問題，對於戰場老兵，都不好回答，尤其當提問者來自未親身經歷戰爭的年輕世代。訪談過各行各業的人們，他們總是拓展我對社會與世界的想像，但當我面對的是外省老兵或臺籍日

1 資料來源：Schmidt, Helmut (2016). Acht Jahre Soldat. In: Was ich noch sagen wollte (pp.47-48). München: C.H. Beck.

軍時，聽他們說起關於戰爭的一切，總讓我感覺人的想像還是有限的。

處在和平的世代，我們的是非判斷更加清楚，安穩讓我們有選擇的自由，我們理所當然地決定自己的未來，拒絕去做認為錯的事。但戰爭最令人沮喪的是，越是基層的平民百姓越無法抵抗命運，他們毫無自主選擇的機會，流落到哪，遇到了誰，誰給飯吃就替誰打，正義與良善的落實，在那樣的世代，更難以堅持，也在這些小人物身上留下無法抹滅的傷痛。

民國三十九年從舟山撤退後，李伯伯在馬祖駐防，白天修築碉堡，晚上站衛兵。當高階將領藏身在最安全隱密的指揮部內，在戰略圖上比手畫腳，真正上戰場迎著砲火的是一個個無權無勢的人。沒打仗的時候，身在前線的基層士兵，也脫離不了血汗勞工的本質，他們的身心時時處於高度緊繃的狀態，談起在前線的生活，伯伯說：「好苦呀！也不知道回不回得去。」

身為未經歷過戰爭的後代，就算只是從旁觀者的角度去描述這場所謂生存的藝術，但我知道文字無法完全表達他們所承受的一切。金門與馬祖，昔日戰地，今日觀光勝地，觀光客所追尋的美好旅遊體驗和當年那群老兵的生命經驗已沒什麼關聯。要承傳這群人們的集體記憶不容易，因為在承傳之前的理解已經很不容易。

民國三十八年春天，共產黨幾乎控制整個湖北，某個晚上，李伯伯的父親告訴他：「只要你聽我的話，你跟他們出去，我就算死在家，也閉眼睛。」因為父親的叮囑，李銀廷伯伯和四位同村青年一同離家，隨著地方政府一同撤到後方。同年年底，共產黨政權掌管整個湖北省。

就算不想離家還是得離家，就算不想當兵還是從了軍，槍口對著哪個方向，上面說了算，是死是活，各憑本事，剩下的聽天由命，這就是基層百姓眼中的戰爭。四十年後，第一次回鄉探親，家人都在，除了當年要他離家的父親，在即將被批鬥的前一晚投湖自盡。回想與父親的最後一次對話，那個命運攸關的晚上，李伯伯說：「我當初要是不出來，我真的其實也沒關係，因為我不是我爸爸親生的，我是養子，我沒有什麼好牽掛的，這樣人家就不敢欺負我爸爸了。」但人生與歷史，都沒有如果。

民國五十年退伍後，李伯伯幫人養雞、煮飯，當過色情圖片的流動小販。五十八年到池上，在山上種薑。來池上後，人生從此才轉好。有別於華福伯伯的謙和，銀廷伯伯剛毅，有著如克林•伊斯威特那般的硬漢氣質。李伯伯坦率地說著過往的一切，他談自己，談老鄉，不遮掩對往事的憤怒與悲傷，「跟我一起來臺灣的老鄉都走了，剩下我一個，要留點故事給後代。」

口述：李銀廷

我民國三十八年才離家，那一年，共產黨到了我們的村莊。我民國十三年生，等於一出生就有共產黨了，民國二十二年，我九歲時，情況已經很亂，我們這個地方天天打來打去，那時候還不叫共產黨，叫紅軍，也是新四軍、八路軍什麼軍的，一塌糊塗，他們一碰頭都會打起來的，我碰到他就打，他碰到他也打，都是敵人一樣的。共產黨專挑碼頭打，三十七年時，公家的公路共產黨還不敢過，到了三十八年，他們就不怕了，過了這條公路，湖北大部分地方都被共產黨統一了。

我十三歲時過房，這個爸爸媽媽很有錢，就是沒有生兒子。爸爸只有我一個兒子，本來不要出來當兵的。有一天，我爸爸趕著回家，他對我講：「你跟他們出去好不好？」他要我跟幾個朋友出去，我不想。那時候不只老百姓，連地方政府也打算撤退了，共產黨到哪，就繼續逃到哪。我爸爸那天碰到一個人，原先是村裡的年輕人，先跑出來了，過了半個多月，政府的人跟他講：「你回去你家鄉，弄些人來，弄一個班，你就來當班長，弄個排，你就當排長。」那個人就回來招人，剛好我爸爸在街上碰到他，要我跟他出來，等於是要我們幾個村裡的年輕人，跟地方政府一起跑。那時候我結婚了，老婆也生了兩個孩子，我就說：「不要啦！爸，我跑一個人划不來，擔心家裡，我不要走，要死大家死在一起。」我爸爸把胸脯一拍，「只要你聽我的話，你跟他們出去，我就算死在家，也閉眼睛。」

我爸爸也跟我太太講：「不要把他留在家，留在家，不會有什麼好處的。」老實講，我那時年輕，個性又很暴躁，哪天哪句話搞到共產黨把我們殺掉。我爸爸要我跟他們出來，我也不知道怎麼辦，我出去，又不知道回不回的來，我不出去，爸爸又怕擔心我了，怕被抓去殺掉。以前地方上有一些間諜，你不知道他是哪一邊的，萬一對他不好，他會記恨，有天機會來了，他就會打報告，說這個人有多壞，人家還是會把我殺掉，你知道嗎？

民國三十八年，我就這樣糊里糊塗地跑出來，跟著村莊的人一起走，家裡給我的兩塊錢，後來也用光了。到湖南長沙，連飯都沒得吃，把長袍子脫下來賣掉，買點東西就剩不多錢了。我們本來要經廣西走到雲南，結果到了廣西後，不能過去，廣西都有共產黨了，就回頭，最後走到湖南衡陽火車站，遇到九十二師軍隊。我看到他們貼廣告招兵，他們本來一個連只有十幾個人，光我們那個地方一起出來的就四十多人，我們原來沒有想參加部隊的，就這樣把我們這些一起出來的同鄉帶進去。一出來就回不去了，最後只能通通當兵了嘛！

九十二師就在火車站招兵，人一入部隊就直接上火車。那時我年輕，才二十幾歲，身上一毛錢都沒有，就穿那麼一件衣服，也沒有什麼東西，就直接睡在座位上頭的行李架上。吃飯時就燒點米，喝一點，那個便宜嘛！大家都沒錢，我們同鄉四十幾個人，就是一天一塊錢，買米來吃，就沒有錢買菜了，靠這個過生活，最後才搞到跑到臺灣了。

三十八年從衡陽上火車，坐了幾天幾夜才到廣東，從廣東上船，坐船到臺灣。船一進到基隆港，我還記得，碼頭好多人在賣香蕉，我們從來沒吃過香蕉，不知道香蕉是什麼東西，買了一柄香蕉，大家分著吃。去到倉庫裡邊，看到那草皮袋漏出一點糖，我們捧一捧，放到背包裡偷吃。在基隆港過了一夜，第二天又上船，到花蓮，就一直住在海邊的一個鐵工廠。

來臺灣後，三十九年又到浙江舟山去換防。我們一起出來的老鄉，有七個人，本想這次跑出來就絕對不要回臺灣的，那時我們才二十幾歲，好大的勁呀！槍都要兩個人抬的，我們一扛就跑掉了，就是聽人家講不能回去，萬一回去，我們的家人都要跟政府報告，不報告，會有麻煩。我們不敢拖累家人，還是跟著部隊又跑到臺灣來了。三十九年又撤退到臺灣，等於第二次回臺灣。

三十九年・馬祖

馬祖、金門、澎湖，我都去過。三十九年時，我們才剛從浙江撤退回來就到馬祖去。馬祖呀！很小，老百姓好可憐，馬祖的老太婆沒菸好抽你知道抽什麼？茶葉、棉花，那樣抽個兩口，大家窮得要命呀！我們整天蓋碉堡，每個山頭都有五個碉堡，中間一個母碉堡，周圍四個子碉堡。每天穿的褲子兩邊褲管打結，在海裡背沙，白天把褲子拿來背沙，沙子由小船運來，我們再運上來做碉堡，晚上還把要褲子穿回，在海邊站衛兵。馬祖苦呀！天天都要做工，兩手的皮、袖子，通通被沙子刮掉了，這兩隻手滿滿的洋灰（水泥），根本洗不掉，洗不掉就隨便洗洗，通通都化膿了，好像帶著手套，過幾個月這層皮才長出來。因為晚上還要在海邊站衛兵，發的襪子底都很薄的，拿一點布剪一塊弄到上面，還可以多穿兩天，好苦呀！也不知道還回不回得去。

我有一個老鄉，要是現在他是不會死的，你知道嗎？他們沒有把我們看成人，我老實講。現代人要是大小便痾不出來，一插管，小便就可以排掉了，大便也可以灌腸。我們當年出來，那些官啊，只是在旁邊看著，都不在乎我們，我一個老鄉就這樣死在馬祖了。

我那老鄉被送到醫院，在醫院根本沒有人幫他看病。他本來睡在樓上，打算起來吃早點時，從樓梯滾下來跌死算了。醫院的人知道後，就把他排下來，睡在一樓樓梯旁。我們是眞正的老鄉，非要去看他一下，結果他媽的，我那老鄉問我：「銀廷，你有沒有帶小刀？」我講：「帶小刀幹什麼？」他講：「我自殺算了，你不知道我脹得好痛喔！我眞的受不了！大便痾不出來，小便也痾不出來。」我這老鄉中午就死掉了。他們根本沒把新兵看在眼裡，好像你死了關我什麼事？醫院傳了一個信來叫我們去，我們都沒有辦法去看他，請假請不動呀！沒有把人命看成什麼意義，這是什麼人、那是什麼人，沒有意義，一個人就這樣死掉了。

現在這種病不會死的，你知道嗎？我這老鄉人還在醫院呢！那些當官的大部分都是四川人，那些人好壞呀！這些人沒有感情的，好像死掉就死掉嘛！反正他自己不會死。好可憐的老鄉呀！

我們每個兵都有一個包，晚上拿來當枕頭，兩套衣服輪流穿在身上。他死掉後，我打開他的背包，裡頭有一張我們四個老鄉一起去拍的照片，兩吋的，我就把它弄下來。那種時機，根本就不知道哪時才能回去，這張照片，我背了二十多年。開放探親後，我頭一次回湖北老家，他的兒子來看我，我把照片親手交給他兒子，對他兒子說：「這是你爸爸交代我們的。」

我當年對他爸爸講：「只要我李銀廷有這條命拖著回去，你的兒子就像是我的兒子。」

四〇年代・金門

我當了八年的兵，八年！我是天兵，階級升不上去，到部隊一直沒辦法當官，因爲我們是後來才撥過來的人，他們都把缺占滿了，被壓到升不上去，搞了好多年呀！我腦筋很好，但我脾氣很壞，我覺得媽哩個逼呀！你的階級比我大，你的命不會比我多一條，你一條命，我也是一條命啊！阿兵哥要是變心，眞的，就跟當官的反抗啊！那牆這麼高，外邊水多的很，我們阿兵哥都不能跑去那邊洗澡，營方裡面又沒有水，都沒人敢去那邊洗，要是過到那邊洗澡，他們都要處罰你啊！做官的把我們管得嚴的很，結果大家就被搞毛了，從三十八年到四十一、二年，阿兵哥的心慢慢就變了，媽哩個逼，反正命一條嘛！一命抵一命，對上級就是給他反抗阿！就是把他幹掉，阿兵哥被逼到都不怕死了。那個炸彈不長眼，也會爆呀！有個伙伕拿個手榴彈，丟到當官的那裡，把他們嚇得要命，一看，才知道那個手榴彈是練習彈，不會爆，他就是想要嚇一嚇那些副站長、營長的，以後當官的才慢慢知道，唉呦！眞危險，不敢再那麼嚴格地管這些兵，原來他媽的管得好緊呀！所以當連長的，也都會害怕了，要是部隊阿兵哥眞的拿起槍來打，眞的拿一個手榴彈把他炸掉，就完了。到最後我們也只能一命抵一命呀！我們阿兵哥，眞的都好可憐的。

我上等兵當了八年，想退伍，連長不放我出去，就連一個老鄉死在醫院，上面的不許我去就不許我去。連上又沒有缺，也升不上去，就這樣搞了八年。我的個性我自己知道，也很壞的，媽的，拿了槍就……要眞發瘋了我也不怕死，你的命有兩條嗎？我他媽的，幹掉你，躲到沒有地方，一樣怕得要命啊！眞的啊，是不是啊？人的命都只有一條，人家給你管，你階級大一點，但你命有兩條嗎？打掉你，媽的，你一句話我把你一命抵一命嘛你，有什麼關係？都已經到這個地步了，當官的，到頭來也沒有那麼危險，被人家打掉，不也一樣都完了？

民國四十一、二年部隊慢慢改，才變得比較自由了。民國四十年就有了特約茶室，就是八三一，人家講的軍中樂園。蔣夫人有同理心，實在不忍心，可是蔣總統認爲，六十萬大軍來臺灣，都是二十幾歲的小伙子，部隊又管得那麼嚴，要是眞怎麼了，馬上拿個眞的槍把上面的斃掉，那怎麼辦？沒有一個地方讓他們發洩，那怎麼可以？所以才有軍中樂園這個東西。我記得一開始的特約茶室，一個連配了幾張票，一個連有一百多個人，大家都不好意思拿那個票，問人家要不要，大家都不好意思拿。以後他媽的，想要還要不到，他還不給你。

那些茶室的小姐幾乎都是臺灣過去的，聽人家講，是在私娼裡面抓來的小姐，把她們送到金門服務兩年後才給她們回家。阿兵哥的特約茶室，警察不干涉的，一般普通老百姓的茶室，小姐要超過十八歲以上，不然警察會抓。阿兵哥的特約茶室，警察不能進去，憲兵也不管的，所以裡面有的小姐才十二、十三歲。

對面共產黨的間諜會偷跑到我們這邊來，裝成我們這邊的人，買票找小姐。在我們這邊的軍中樂園玩了以後，一回去馬上就廣播：「我今天到金門，買你們茶室的票喔！第幾號第幾號！好漂亮喔！」「朋友啊！你們茶室的第幾號小姐好漂亮喔！我們今天又去找她了！」原本茶室可以直接買票，從此以後就不行了，改成要辦一種證明，憑自己的號碼才可以買票，這樣共產黨才騙不到，若不這樣，眞的假的也分不出來。

我是四二砲連的砲兵，之後才是砲兵射擊指揮所的射擊官。在金門，常常兩邊都有砲戰，共產黨不是一直打金門嗎？那時候我們接受美援，八二三砲戰以後，共產黨原來不知道我們還有砲，他們就把大砲小砲通通挪到海邊，對著我們金門打，打得我們冒火了，結果我們金門這邊一反擊，一打就受不了，他們的砲也撤不掉，就跑掉了。對面村莊的老百姓以爲是我們國軍反攻大陸了，出來拿著菜刀鋤頭幫忙打共產黨，其實我們根本沒有過去，只有砲彈打過去，結果共產黨把那村莊的人全殺光了。

那時候美國第七艦隊幫我們防衛共產黨，四十八年，美國援助我們二四〇公厘榴彈砲，這是金門最大的砲，一個砲彈可以從金門打到廈門去，光是砲彈起碼就像一個成人這麼大，就好像現在的飛彈。第七艦隊開到臺灣海峽，專門掩護我們把這個砲運上岸，二十四小時以內，要趕快把砲通通運上岸，結果時間到了，還有一門砲沒運上岸，被共產黨打壞。爲什麼呢？原來那個砲太重，起重機太小，吊不動，又跑到日本去調來一個更大的起重機，才把那個砲給運上岸。結果運送時間到了，被共產黨打壞了一門。光是那個砲陣地，一整個營差不多六、七百人，做了一個月，日夜做，才做好一個砲陣地。

我民國五十年在金門退伍，四十九年時在金門待了十一個月。在這之前我們住在左營，結果上面派我們到金門，大家以爲我到金門會死，還掛念什麼？就把我的餉錢都借人，跑到金門。

我眞正跟共產黨打仗就是四十九年的六一七砲戰，美國總統艾森豪來臺灣，共產黨不滿了，天還沒亮，就打得一塌糊塗。我從床上爬起來看，這曳光彈飛過來飛過去，金門每一分鐘可以打兩百多發砲彈到對面去。我是砲兵，是射擊指揮所的射擊官，當時我就睡在碉堡內，上面有這麼粗的排氣孔，正好在我鋪上，砲彈打出來的那些碎屑，通通掉到我鋪上。共產黨知道我們的砲兵在那裡，專門打我們的砲兵，所以我們這邊也打他。砲打得好響呀！連人講話都聽不到，我的天啊眞是！砲打到我們的碉堡上面，光是那砲彈片就可把人給打死掉了。

有一次我待早上四點到六點鐘的那段班，在差不多兩百多公尺遠的地方種了一排菜，打了三十天沒空去看，趁某天偷偷跑去看我種的菜，嗅！突然轟隆轟隆的，就看著那個砲彈落下來，我趕快跑。老兵原來也講了，看到砲彈落下來，伏地，胸部不能靠地，因爲震動力好大，耳朵會震壞，嘴巴要張開，不然耳朵就失聰了。當時我心裡是這樣想著：「我今天就這麼被砲死在這個地方了呀！他媽的我今天爲什麼跑到這裡？爲什麼會死在這個地方？」就一直想。結果打了十五分鐘就停了，沒朝我這邊來了。我是砲兵我知道，他們通常先拚命地打一陣，十五分鐘後，開始檢驗看打得準不準，要是打得不準，又要重新修正，看是偏左還是偏右。檢驗一次一定會休息，不然我今天哪裡還在這裡？我趁檢驗時跑回營去，大家都在吃早點，吃著那個豆漿饅頭，整班人都在，只有我滿身都是泥土。他們講：「你跑到哪裡去了？」「哼！」我說：「操你媽的鬼，今天差點被他們打死掉了！」你知道嗎？唉呦！以後砲打來就不怕了。原來講，共產黨砲打過來會通知呀！怪了，我們剛開始還不相信呢！八二三以後，共產黨會喊「單打雙不打」，單天才打，雙天不打，就是大家好好休息休息。要是天天打，沒有個限制，也不讓我們睡，不要搞得雙方都是一樣的累嘛！對不對？所以他宣布單打雙不打，大家都遵守這個規矩，不能夠亂打，不然大家都累得要死阿！這個規定呢，有這樣的必要。

五十八年・池上

馬祖、金門、澎湖，什麼島我都去過，因爲我這個人個性很強，眞的，哎呀，好啦！乾脆退伍算了。我五十年的元月八號就退伍了，我沒有拿錢，因爲我年資不到，才三十五歲我就不要當兵了，乾脆退伍下來出去了。

你知道我怎麼來池上的？退伍後我自謀生活，我沒拿公家的錢，五十四年我討老婆，有老婆公家就分你兩甲地，沒有討老婆的就分一甲地。我五十四年結婚後，池上大同農場分了兩甲地，就這樣到池上來。民國五十八年，我一搬來池上就是在山上種生薑，生薑價格好，今天種一百斤，下半年就挖一千多斤，一斤可賣一塊多到兩塊錢，就這樣慢慢賣。我剛來池上時很窮，我是來這邊後，才一年一年搞好一點。

以前池上有很多一個人住的老兵，其實他們很可憐呀！可憐呀！搞了一輩子，成了一點東西，通通給國家拿去了，自己都死了也不能用。其實一個人的最可憐，講老實話，像我們有老婆孩子，沒有那麼可憐，兒子禮拜天會回來看我，我自己討了一個好太太，太太十四歲就跟我結婚，今年已經結婚五十二年了，大家都爲這個家庭好，所以我們才能一直走過來。有的阿兵哥太老了，人老了也沒有什麼好不好了，討了個年輕太太，沒一會兒太太跑去外面玩她的，那我們就不要工作過活啦？你能怎麼辦嘛？有的人死掉，家裡沒半個人，有的人一輩子都沒有回去，你知道嗎？當初我們一個鄉有四十幾個人一起來臺灣，現在通通死光了，只剩我一個人了。

我想到一個池上的老兵，眞的好可憐。他把圓凳子這樣放到浴盆前，放水準備洗澡，你知道他怎麼搞的？這個老頭子，才一坐下去，凳子往後面一滑，他手胡亂一抓，搆到那個水管，水就這樣正好對著他沖，結果自己起不來，也沒人知道，水就對著他沖一夜。第二天早上，鄰居經過，聽到他在哼阿哼的，才找一個老鄉來開門。門打開一看，唉呦，就在那坐了一夜，沒有人知道啊！老人家坐著自己爬不起來，就這樣坐著，想動都動不了，好可憐呀！結果把他送到醫院，送醫院過程中，就這樣去世了。

一個人住的老兵是什麼狀況呢？要是生病了，就到榮家。很多阿兵哥不喜歡住榮家，但你沒有家，老了不管你喜歡不喜歡，只有到榮家去。沒有地方去，榮家等於是我們的家嘛！像我一個哥哥也是，他是在農村開雜貨店的，最後也是住到了榮家，吃公家的飯。我去看他幾次，他講，飯菜都吃不進去，那個大鍋菜呀！大鍋飯呀！他講，我都不用這樣，現在就是沒有人來看看他呀！光是活著，你知道嗎？一個人的老兵眞的是很可憐，所以我一直告訴我的太太、孩子，我生病了千萬不要把我送到榮家，要是我會痛會哭會叫，把我放在後面樓上的房子，不要管我，聽我的！要是死掉啊，沒有關係，千萬不要把我送到榮家去。

頭一次開放探親我就回老家。什麼人都在，我媽媽也還在，就是我爸爸沒有了，民國五十八年死的。

我爸爸的死是因為人家準備去鬥爭他，他害怕，自殺了，等於是把他逼死的。那時候我爸爸的一個弟弟去開會，回來我爸爸就問他狀況，他講：「哥，明天就要鬥爭你了。」他害怕，想了一個辦法，那時已經晚上七、八點鐘了，他跟我媽媽講：「欸，他們叫我到什麼地方，去一下就回來。」結果給他一搞什麼？村莊前面，有個差不多三分地大的水塘，都結冰了，他把那冰打了一個洞，衣服脫了放在這上面，一隻腳綁一個繩子，繩子另一頭綁在岸上的一棵大樹，抱著一個石頭，就這樣滾下去淹死了。第二天早上，人家找到我爸爸，一看，就這樣死掉，他們逼著他死的嘛！我爸爸是很好的人，我十三歲過給他們，過了兩年幫我討了太太。我當初要是不出來，我眞的其實也沒關係，因爲我不是我爸爸親生的，我是養子，我沒有什麼好牽掛的，這樣人家就不敢欺負我爸爸了。誰要鬥爭他，搞共產黨我也會搞啊！媽的！我比他們還厲害一點。就因爲我們家有點錢，所以爸爸當初要我出來，我說不要，我爸爸把胸脯一拍，「只要你聽我的話，你跟他們出去，我就算死在家，也閉眼睛。」好像也甘願了。結果眞的，就這樣，他自己死掉了。

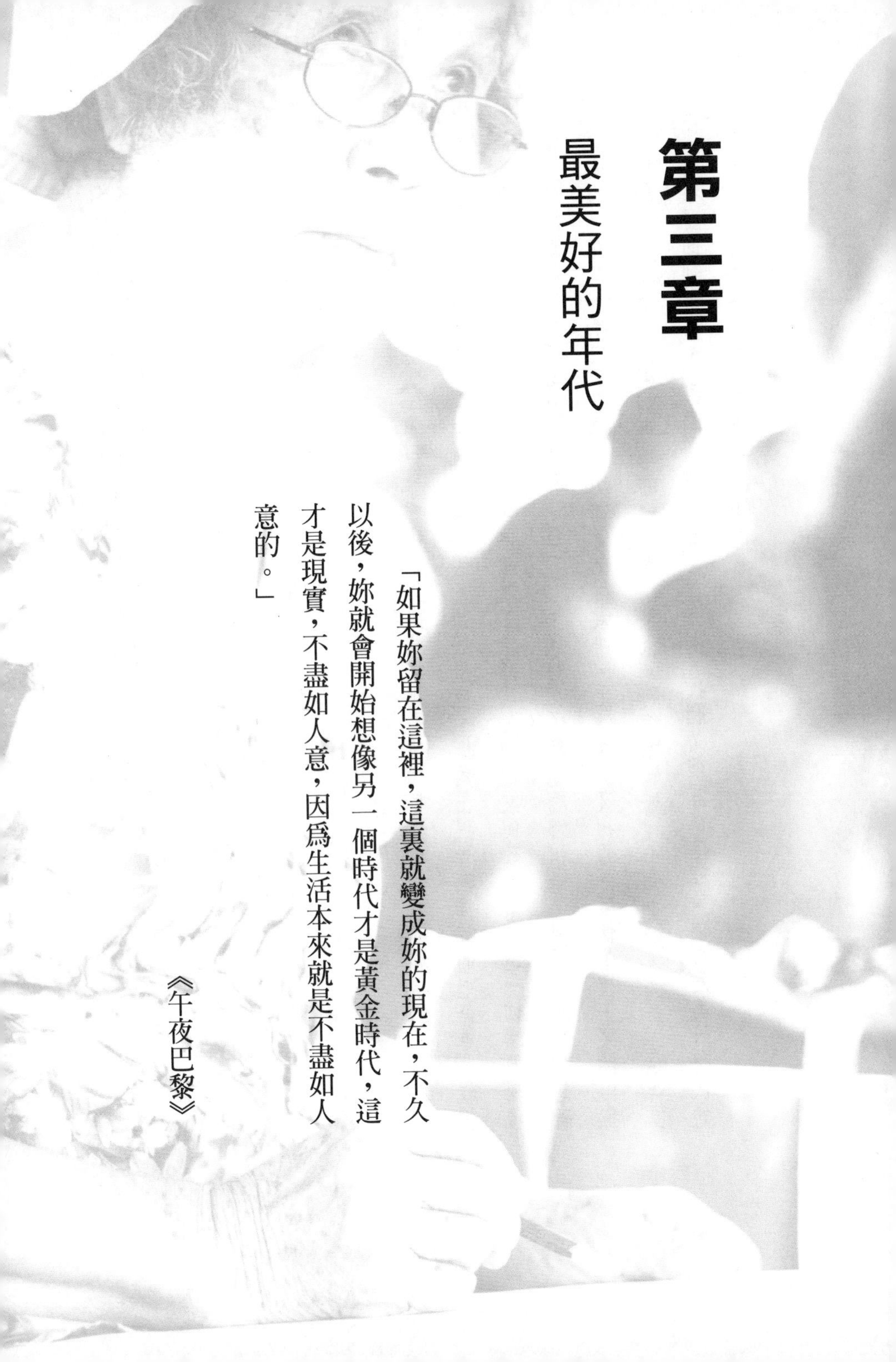

第三章

最美好的年代

「如果妳留在這裡，這裏就變成妳的現在，不久以後，妳就會開始想像另一個時代才是黃金時代，這才是現實，不盡如人意，因爲生活本來就是不盡如人意的。」

《午夜巴黎》

最美好的時光是現在

攝影／簡博襄

伍迪艾倫的電影《午夜巴黎》中，男主角吉爾是位頗負盛名的好萊塢編劇，因為嚮往著巴黎，他和未婚妻一同到巴黎度假。某個午夜，街角出現一輛神祕的老爺車，載著他來到令他嚮往的一九二〇年代。他結識了崇拜已久的作家與藝術家，這一切讓他對現實生活感到越來越不滿足。他和一位二〇年代的女子阿德瑞娜相戀，但阿德瑞娜抱怨著身處的一九二〇年代，覺得一切都變化得太快，生活喧囂又複雜。某個午夜，突然出現一輛馬車，載著他們來到更早的一八九〇年代。阿德瑞娜嚮往十九世紀末的黃金年代，決定不要回到現實，「我們別回到二〇年代了，我們必須留在這裡，這可是美好時代的開端，這是巴黎最美、最偉大的時代。」

但吉爾勸她：「要是妳留在這裡，這裡就變成妳的現在，然後，沒多久，妳就會開始想像另一個時代才是真正的黃金時代，這才是現實，總是無法盡如人意，因為生活本來就是不盡如人意的。」阿德瑞娜選擇留在她所憧憬的黃金年代，而吉爾決定回到現代巴黎，他再次面對現實的艱難抉擇，與未婚妻分手，放下在美國的名聲，留在巴黎從零開始。影片最後一幕，吉爾獨自在下著雨的橋上徘徊，巧遇跳蚤市場的那位女店員，這女孩告訴他：「巴黎最美的是下雨的夜。」

訪談即將結束時，玉蘭阿嬤說：「人就是這樣，不可能代代都那麼好。」問玉蘭阿嬤有什麼夢想，她說：「我沒有什麼夢想，我感覺現在這樣，就很滿足了。」採訪完玉蘭阿嬤後，騎在一九七縣道往市區的路上，我想起了《午夜巴黎》。

我們享受科技帶來的方便，同時又嚮往曾經的樸實單純，我們抱怨現代社會的種種現象，不自覺拿另一個時代的美好意象來批判現代的沉淪，我們總要先確認前後周遭才知道自己算不算幸福，我們常常高估夢想，貶低現實，並拿這些來折磨自己，成為對現實不滿與焦慮的主要來源。但處在所謂黃金年代的人們會怎麼看待他們所身處的那個黃金年代？他們會覺得自己比別世代的人更幸福嗎？我們想像或許生在某個年代會更好，但人人都能夢想成真的美好年代到底存不存在？無論生在哪個年代，生活總不時要我們面對現實，要我們下些艱難的決定。玉蘭阿嬤的話和伍迪艾倫的《午夜巴黎》只是透過不同形式說出一樣的話──只有面對現實才能感受生命的美好。

玉蘭阿嬤一輩子都沒有離開新開園（錦園村），出生地和現居地只隔了一條街。從年輕到老，在田間或山上當農業零工。她歷經池上七〇年代以前，農業尚未機械化的時代。我們嚮往化學汙染尚未進入稻田的時代，懷念水溝裡還有小魚蝦與小青蛙的純淨年代，我們對古早的挲草技術抱著浪漫的崇敬之心，那是友善土地、敬天謝地的謙卑姿態，但對當年的女性農業零工而言，那是過度操勞又換不到一頓飽餐的年代。玉蘭阿嬤的父親禁止她挲草，因為當年的女人要是樣樣都會，就註定這輩子勞碌命。

再次將鐵手指套上拇指，玉蘭阿嬤示範起早期的人工插秧，多年練就的手感馬上就來。我們惋惜這種絕活隨著農業機械化被塵封在過往，但對老一輩的務農者而言，機械化與科技，將他們從終日勞動卻難以溫飽中解放。

戴上鐵手指的玉蘭阿嬤，手勁俐落，而她的畫筆卻下得溫婉細膩。客廳旁的書桌上擺著畫紙、畫筆、毛筆與顏料。我在好幾位樂齡繪畫班的學員家中見到類似的書桌風景。

玉蘭阿嬤叨念著她的畫還沒完成，正在苦思著筆法，後天清晨得早起去大坡池寫生，我知道繪畫對她而言，不是玩玩打發時間而已。玉蘭阿嬤和其他樂齡學員的畫作正在池上車站的藝文走廊展出，當他們的兒女回鄉，剛下火車，在走廊見到老家父母的畫作，總是能安點心。自從開始畫畫，一到夜晚那種侵蝕人心的寂寞變成享受的孤獨，藝術的力量一切點滴在心，他們不會去評析梵谷或雷諾瓦，他們追求的不是對藝術學問的深究，而是讓藝術在生活中自然而然地發生。

在採訪玉蘭阿嬤後的兩天，池上樂齡繪畫班學員們在大坡池畔寫生，簡博襄先生拍下玉蘭阿嬤專注的神情。經歷刻苦的童年、大半生的田間勞動與老伴走後的孤寂，玉蘭阿嬤說：「我一生最快樂的時候就是現在。」就算現實不盡如人意，但總會出現最美好的時光，是巴黎的雨夜，是清晨大坡池畔的寫生，那全神貫注的當下。

新開園童年

口述：黃玉蘭

我民國二十九年出生，從出生到現在，一直住在新開園。

以前新開園的土地公廟旁有條水溝，那條水溝旁都是菅芒，大家都在那邊洗衣服。一聽到飛機來，大家趕快跑到水溝旁的草叢躲起來，美國飛機要來丟炸彈呀！不藏在那邊，人就被飛機看到了。我的弟弟在那年五月出生，十月就光復了，在之前池上還是日本人在管的，巡邏的日本警察穿著馬靴，喀喀地很大聲，我們的房間後面有一個大廣場，他就從那邊出沒，看我們房間有沒有點燈，那時候還在戰爭，可能是怕空襲。我媽拿個方桶，把煤油燈放在底下，晚上替小朋友換尿布時，蓋子一打開就有光線跑出來。每次聽到馬靴的喀喀聲，我媽就要我趕快把煤油燈蓋起來。那時我才五、六歲，記憶很深刻。

我十五、六歲時，伯朗大道還只是一條小小的牛車路，那條路會一直出水。有次我去挑秧，從那邊經過，不小心踩到出泉水的洞，腳一直陷下去，爬不起來，還要人家幫忙拉。後來那條排水溝做好了，那些田就不會出泉了。現在沒有幾年，變那麼大條的路，又很好走。

聽說我們家以前有很多田，等我懂事後就什麼都沒有了。爸爸跟兄弟分家後，幫人家作保，被倒了，債務一個人扛。我爸爸當年分到的地，現在來講也是上等田，也是賣掉了，什麼都賣光光了，只留一間房子。所以我們沒有自己的田，都是幫人家種田，一直靠打工維生。我小時候，什麼都沒有，當小姐時比結婚後還辛苦，爸爸事業失敗，人也失志了。講以前的事，想到會很心酸，那個已經過去了。

小學畢業後開始做農、做工，都是打零工，有什麼工作就做什麼，一天賺多少錢就是多少。種地瓜、種花生、除草，以前種田都是靠人工，需要什麼工就找人，有人叫，我就去。後來都用包的，包個幾甲田，一天的工錢就是幾個人分，早點完工就分比較多錢。自己家沒有田，只有找一小塊空地種點菜，一點點而已，要做什麼？有空就去撿人家不要的番薯吃，多少都有好撿。

有時也去農場抬石頭，那時候土地正在開墾，好大的石頭，好幾個人這樣抬，用一個大網籃，把石頭推進去，網子有兩個耳朵，用扁擔扛起來。土地開好後就種鳳梨、甘蔗，那時候沒有腳踏車，都得走到農場上工，一天才賺十塊錢。

我滿十八歲的時候媽媽就走了，她的擔子就換我挑了。我是老大，要照顧兩個弟弟和一個妹妹，還要打工，不然三餐沒飯吃。以前的鄰居嘴巴很毒，那時候我的查某伴都嫁了，剩我還沒嫁，他們說我沒人要，跟我說不要嫁太遠，要嫁就嫁兩個隔壁。兩個隔壁就剛好沒人住，要嫁誰？後來我老公來這邊買房子，真的我就是嫁兩個隔壁。附近一個媽媽做媒，大家都贊成，說這個年輕人很好、很古意，真的很古意，就是憨慢賺錢。我們民國五十二年結婚，想說結婚後會不會比較好過，也是一樣那麼甘苦，馬系甘苦。

結婚後要帶小孩，比較沒辦法跟老公一起出去做農。等到小孩大了，照常還是要出去拚，沒有拚不行，沒有財產，家裡經濟也不好，一樣是跟人家包田來插秧。

農村零工的一年四季

我一整年的工作就是割秧、插秧、曬穀子，田裡沒有代誌就是去山上做工，等田要收割時再下山來幫忙。以前沒有機械，都用人工，山上田裡都有工作可以做。以前的稻米也是一年兩收，插秧時期我去幫忙割秧、挑秧，有時也幫忙插秧。割稻以後，就幫忙曬稻穀。三個人包田來做，兩個人負責插秧，我一人挑秧，錢都是公開的，賺多少大家分。一大早就去田裡剷秧，天還沒亮，看不到，要用摸的，摸到哪就剷下去。要是其他兩人插秧忙不來，我自己就在旁邊的一小塊田幫忙插。看到他們快沒有秧苗了，就趕快起來挑秧。秧挑來了，我又在一旁加減插。要很拚呀！不拚不行，像第一期稻碰到六月，天氣很熱，中午都沒有休息，跟人包田來做，做得快就賺得多。當初跟我一起去插秧的阿公都已經過世了。

育苗、剷秧、挑秧、插秧

一、二月時插秧、種花生。六月割稻季，我就要幫人家曬穀子。穀子曬完了，緊接著下一期又要插秧，我再去幫人家剷秧、挑秧。剷秧前要先育苗，以前都是人工育苗，然後用一個鏟子，剷起一塊塊的秧餅，差不多手掌大小，然後一塊一塊拿著這樣插。要倒退著走，要是前進著走，就沒有好吃的，但是，倒退走做得就夠吃嗎？

剷秧苗的技術說起來也是很精彩，不是隨便剷就可以了，不然插秧的人霧煞煞，拿那個也不對，拿這個也不對。剷出來的秧餅不能太薄，不能太厚，也不能太大塊，大小剛好一個手掌這樣捧著。不能太多土，也不能太少土，太多土不好插秧，挑秧的人負擔又重，秧餅要是太薄，苗莖斷掉，秧會死掉，這樣就損失了。所以要抓得剛剛好，差不多半公分到一公分，一片差不多十來棵。插秧時，左手拿秧餅，右手把秧插到土裡面，就這樣一棵棵用手剝，然後插下去。

一年兩次人工插秧，現在想起來也是很厲害呢！育苗的地要整很平，剷秧苗時土就比較平均，要是地高低不平，秧苗剷起來土就會一下厚、一下薄。土太低，秧苗根就被剷掉，太高，一剷下去土又太厚，擔起秧時重得要命。夏季期還不至於，像一、二月分那期，天氣比較冷，多少有幾棵秧苗死掉，秧苗就比較稀疏，秧餅的土要剷厚一點，秧苗才不會散掉，可是擔起秧來變很重，根本不是挑秧，都是挑泥土。土那麼厚，剷了手會酸痛，挑起來又重，要插秧時，拿也不好拿。現在育苗的工作都交給育苗場，以前都是在自己的田裡育苗，自己要種的自己育苗，全部都是人工。現在機械化，一切都輕鬆多了，那些工作現在也看不到了，已經是三十幾年前的事。機械化的時間差不多是這樣，我老公還在世的時候，池上還有人工插秧，他民國八十年過世後，全都是機械化。

挲草

一塊田播下去後，稻子很快就長得漂亮，不趕快挲草，稻子會被草蓋住。挲草就是除草，用手把草挲一挲埋到土裡。我沒做過，人家一直叫我去幫忙，我爸爸就是不肯我去做。除稗還可以，拔草也可以，就是挲草他不肯讓我去做，他說就算餓死也不要去做，那是男人的事，女孩子不要去做，女孩子就學女孩子的工作，看是做廚房還是學裁縫，其他不要學那麼多。其實女人也在挲草，但我爸爸不肯我做，女人要是學太多，會做到死。以前我媽媽就是什麼都會做，結婚後，婆家又是做農的大家族，田地很寬，女人要是太能幹，就要幫忙出去做，工作量就多。所以我爸爸不肯讓我學挲草，其他他都不會反對，萬一以後結婚，碰到家裡做農做很寬的時候，女人要是學太多，一定要出去做，要是不會，就不用去做了，當然比起來還是在外面做比較辛苦啊！那時候錦園村大部分都是種田的，女人結婚後什麼都要做，我爸爸就是看到我媽媽以前的經驗，不然他爲什麼會這樣講？可能也是一種疼吧！不疼就把女兒賣掉了。以前人沒有好吃，太苦的時候，就把女兒賣掉了。

挲草是很甘苦的工作，人跪在田裡，褲子捲到大腿邊，五排秧苗，人跪在中間，左右手邊各兩排的草全部都要挲，挲到全身都是泥巴。趁草還小棵時早點去挲，那時候田土還泥濘，很好挲，不然草長得很快，等草長太高，就來不及了，就難挲了。

挲草要有功夫，力量要夠，不是隨便摸一摸就好了，也要知道草怎麼挲才會死掉。要是馬馬虎虎，沒多久，別人的草還沒出來，你的已經長出來了，這就是技術沒有到位，沒有下工夫。老一輩的一看就知道這個區塊是誰挲的，長輩都會罵：「這一塊就是你的啦！黑白挲！你看草發出來了！」我結婚後，家裡買了一點田，才開始挲草，那是挲自己田的草才能慢慢挲，要是跟著人家一起挲，人家已經跑那麼遠，我們還在後面，挲得又不乾淨，以前人會一邊挲草一邊講話，要是動作太慢，落後了，會被人家笑，笑你動作太慢，可是快一點草又不死。

插秧之後的工作就是除草，幫人除完草後，若山上有門路，種番薯、種豆子，不管種什麼，要是有人叫工，我就走，什麼工作我就去做。以前整片山都是種甘蔗、甘藷，需要人用鋤頭除草。以前人也是很勤勞，農家人不勤勞不行呀！要過三餐呀！然後等農民收割後，再去幫忙曬穀子。

曬穀子

曬穀子也是人工，正中午時得一直翻耙穀子。曬穀子最怕下雨，尤其是西北雨，穀子來不及收就泡水了，沒有辦法，第二天又要開始曬。要是沒有連續好天，穀子發芽就賣不好了。以前常常穀子就這樣泡湯，沒辦法，來不及呀！現在明明是好天氣，那邊有一塊雲，突然就「嘩！」西北雨就下來了，來不及收呀！溼掉的穀子第二天還可以曬，要是又下雨，夏天天氣悶，就會發一點芽出來了。早期曬穀場都是泥土，沒有水泥地，泥土地又不好曬穀子，耙穀子時，會把泥土翻起來，吃飯會吃到泥沙或小石子。以前的人頭腦很好，曬穀場鋪上一層牛糞，用牛糞隔離泥土和稻穀，這樣稻穀才不會混到泥土。

穀子通常曬一、兩天不會乾，最好天至少也要曬個三天才乾。後來的曬穀場有的鋪水泥，有的是柏油，也有混碎砂石子的，要是柏油面，碰到蓋好天，曬一天穀子就太乾了，穀粒的水分一下就蒸乾，米也比較不好吃，口感焦焦的沒有水分。如果是水泥地，水分不會一下被蒸乾，慢慢曬，曬出來的穀子比較好吃。現在都是用機器，稻穀的水分就能保持得很好。

種菜醃菜

幫人曬完穀子後，十一、十二月分時比較閒了。等稻子收割完、田土翻起來後，我們就在田裡種一些蘿蔔、芥菜，採收後就曬蘿蔔、醃鹹菜。隔年七、八月的颱風季，比較沒有菜好吃，就是吃這些菜脯、鹹菜。從罐子裡挖一點出來，煮湯或炒都可以，以前人就是這樣過。去山上做工時，挖一點菜脯炒一炒配飯，這個有吃等於沒吃，沒什麼營養，很快就餓。以前沒油沒肉，沒辦法，還是要過日。

等蘿蔔醃完就是過年了。以前過年沒現在那麼豐富，人家過年都在分紅包，我當小孩子時沒人發紅包給我們，爸爸媽媽沒錢，別人穿新衣服，我們沒有。過年要是有年糕、蘿蔔糕可吃，就好高興，這些現在人都不稀罕了。

中元節普渡時村裡會殺豬，過完節後，人家會割一點豬肉給我們。以前沒冰箱，天氣又熱，還記得我媽媽趕快把肉醃起來，再用稻草包起來，吊著給它乾，肉就會縮水，不會壞掉，但是非常鹹，肥肉反而不鹹，瘦肉就非常鹹，鹹豬肉沾酸醋和大蒜片，很好吃呢！可是也只能吃一點點而已。

新開園的變遷

差不多從二、三十年前開始，新開園人越來越少了。出去的孩子沒有回來，變成兩夫妻獨居，要是一個走了，就剩下一個老人家。以前這整排房子很多人住，家家戶戶都生很多孩子，整條街都是小孩，學校光是一個年級就好幾個班，現在整個學校的學生可能沒有以前一個班那麼多，整排房子幾乎都沒人住。以前我老公還在時，他經常講，以後這邊都是住老人家，這裡沒有工作好做，小孩以後都跑到外面，這裡只剩老灰仔。他也走二十多年了，差不多三十年前他就這樣講了。

最快樂的時光是現在

我民國九十九年開始參加樂齡畫畫班，喔！生活改變好多，很快樂，交了很多朋友。以前那些人我都不認識，現在每次去上課，大家都很親切，身體比較健康，也感覺比較開朗、比較想得開，不會心肝鬱悶，不會一個人時就開始想太多。上課前，大家就在那邊聊天開玩笑。我現在很忙呢！一下做這個，一下做那個，沒辦法閒，我棉紙撕畫還沒黏好，星期二又要去大坡池寫生。我畫的畫掛在車站走廊，有次大兒子坐火車回來，他拍照回來拿給我看，「媽，妳的畫掛在車站那邊，我有看到。」

我人生最快樂的時候就是現在，無憂無慮，孩子都有自己的家庭，都照顧得不錯，我就只要照顧好我自己，吃得飽穿得暖，晚上又好睡就好了。現在參加很多活動，星期二學畫，星期五去幼兒園跟小朋友一起上課，星期一下午去關懷據點唱歌，分一個便當，晚上又不用煮，時間很快就這樣過去了。現在一個人不會覺得孤單了，以前會喔！以前覺得很孤單，工作完回到家，噢！覺得心裡很難過、很孤單，孩子們都離家了，他們的爸爸還沒有過世，他們就通通出去了。我老公還那麼年輕，才五十幾歲而已，也走了。民國八十年，我五十二歲時，才正要蓋一棟房子給他住，他就走了，這個房子建了幾年，他就走了幾年，結婚還不到三十年，跑得很快。蓋房子時他還在幫忙做，蓋到一半就生病了，之前也沒恙沒痛，等知道了去檢查，已經淋巴癌末期，半年就走了。

剛開始我也是很甘苦、很鬱卒，人家叫我去做工，我都說好，有工可做我就去，去麻木自己啦！一工作什麼都忘記了，出去就是大家嘻嘻哈哈，很快樂，做完工一回到家，就只剩自己而已。一進門，想到自己一個人，心肝就甘苦、就甘苦，悲從中來。我不會講出來，悶在心裡，以前人家跟我弟弟說：「你姐姐很逞強」，表面上看起來是很堅強，但是內心怎樣悲傷，別人不知道。現在想想，其實想開了就好，人生沒幾年，我也不怕了。上次感冒咳到出血，去看醫生，醫生說，藥如果吃了沒有好，就要趕快去照X光，怕肺部有什麼問題。我說：「沒關係啦！正經要是怎樣，也沒有關係，好走就好了。」人生那一條路早晚要走，不要拖，不要一直拖著痛苦，也不要拖累我們的子孫，安靜地走最好。我不會一講到死就怕，我現在不會這樣想了，以前會呢！現在去參加那些樂齡活動，覺得都不一樣了。樂齡班的同學也會聊這些，大家也是這樣想，好走就好了，這條路早晚都要走的，人總有生老病死，不能說永永遠遠住在世間，對某？

我現在可以說很快樂，樂齡班有代間學習，跟小朋友一起玩很有趣喔！我們自己的孫子也沒在身邊，別人的孫就像我們的孫子一樣。我覺得，有什麼活動，只要是我知道我就去試看看。這個樂齡班很好，可以一直繼續下去就更好，只是不知道我們有那麼長命嗎？

我從小就住在新開園，就是最喜歡這個地方，從出生就在這邊，結婚後也是，過了一條馬路而已。我沒有什麼夢想，我感覺現在這樣，就很滿足了。

年輕時沒法做，老了其實也來得及

立夏前一天，到玉修阿姨家採訪。女兒外出上班，她一人在家畫畫，手機正播放著許茹芸的歌。若沒有特別的活動，平常的白天，就是像這樣，一個人在家，靜靜地聽歌、練畫、習字。

玉修阿姨是池上樂齡班的資深成員，這個班的學員來自各行各業，有總鋪師、前公墓管理員、退休公務員、農民、計程車司機。玉修阿姨當年是鼎東客運池上站的售票員兼站長，和鼎東客運一同走過最鼎盛的黃金年代。自從自強號開始停靠池上站、臺鐵班次越來越多，鼎東載客量大減，玉修阿姨提早退休，池上撤站。如今鼎東客運只剩幾處招呼站牌，得靠政府補助才能維持營運。

訪談完玉修阿姨後，特地從臺東市搭乘最晚班的鼎東客運到池上。沿途上車的有少許觀光客、剛加班完的公務員、學生、剛從廟裡進香完的歐吉桑。乘客上上下下，到了關山站，只剩我一位。司機請我坐到前面，說是怕我睡過頭，實則是想聊天解解悶。一位司機，一個乘客，一起駛向終點池上。司機是海端鄉布農族人，行經自己的家鄉，指著某棟房子說：「那是我家。」嘟嚷著部落的年輕人想回來，但這裡找不到工作。小巴士穿過初來橋，月光灑滿整個新武呂溪，路過錦屏部落、陸安部落，接著是「大同農場」站。站牌對面，曾經是住滿了榮民伯伯的熱鬧農莊，如今一片黑暗。這裡每走一位老人，鼎東就少了一個客人，不知從哪時開始，巴士大多過站不停。

進入池上市區，經過池上鄉公所、池上郵局。我說：「大哥，我就在這下車吧！也不用繞到火車站了，你也好早點下班。」司機說：「不行喔，還是要跑到終點站，會有紀錄的。」站在空蕩的街道上，望著司機獨自駛向終點，想像著小巴士經過那棟才剛落成、風光開幕的池上穀倉造型火車站，顯得有些卑微。沒有大又氣派的車站，只有幾個立在路邊的簡單招呼站牌，很難想像，鼎東客運至今對一些人而言有多重要。

就算過了最鼎盛的年代，鼎東客運至今繼續奔馳在鄉間小路與各村落間，許多住偏遠村落的老人家、獨居者、部落居民仍仰賴著它。就算乘客越來越少，空車時間越來越長，仍要跑完全程，繼續服務那些老客人。

盡管營運狀況不好，但玉修阿姨說，鼎東不能廢掉。火車站對一些獨居的長者、行動不便者而言太遙遠，搭計程車到鄰近市區又太貴，只有鼎東客運經濟又親近。鼎東是這些偏遠村落與醫院、市集、商店街、公家機關的唯一媒介，病一來、定期到醫院領藥、到市區辦事，都需要它。時代的推進總會把一些人的需求拋除在外，它對住在市區、身體健康、行動自如、平常以汽機車代步的人而言可有可無，但對偏遠地區的居民、高齡者、獨居者而言是無可取代。我想起榮民華福伯伯，他總想著遲早住進榮民之家，有時搭著最早班從池上駛往臺東市的鼎東客運，到馬蘭榮民之家走看環境，心理適應一下，然後搭下班車回池上。馬蘭榮家前就有鼎東招呼站牌，可直接在那上下車。

一張全票一百六十元，從臺東到池上約一小時半的車程，若搭臺鐵自強號，車程四十分鐘只需九十六元。鼎東客運不如臺鐵快速便宜，但若算入從臺東市區到臺東火車站的接駁時間，鼎東其實也沒有慢多少。從市中心直接搭上鼎東，一離開繁華的臺東市，鼎東逐漸駛離臺九線，切入鹿野龍田那條美麗的林蔭小路，走過充滿布農風情的海端小街，然後進入綠意盎然，瀰漫著樟樹香的臺二十甲公路，沿途所見都是鐵路無法到達的村落與鄉間小路。一張全票，一百六十元，一段綠色靜謐的時光，無價。

玉修阿姨在訪談中提到一段童年回憶。小學時，坐在最後座的男同學家境清寒，常常沒筆可寫、沒橡皮擦可用，玉修阿姨把鉛筆與橡皮擦分給那位男同學。人生很難盡如己意，但人生充滿驚奇，當年那位沒筆可習字，在課桌前發窘的男同學，未來成了書法家。他是池上人口中的蕭春生老師，開過書法展，出了書法集，許多池上人的客廳掛著他的字，連許多池上的街牌、建築門口的匾額，都出自蕭春生老師之手。

玉修阿姨說：「整整四、五十年，才把自己的興趣重新找回來，你想想這多麼珍貴。」差一步就到手的學位、另一半突然離世、病痛，人生總有遺憾與痛苦，但繪畫與習字是如何撫慰人心，讓人走出傷痛，身心更加健康。當青春一過，想起那些當年未完成的事，總會嘆息，但有些事，年輕時沒法做，其實老了也還來得及。

池上童年

口述：李玉修

我民國三十六年出生，今年七十一歲，一輩子都住在池上，只有一陣子去外地念臺東女中。我對池上最有記憶的就是大坡池，那時候孩子憨膽呢！我們常划著竹筏去採菱角，到處都是菱角，一天到晚菱角吃不完。水一捧起來，就是一堆小蝦小魚，那時候超棒的！以前池上飯包的配菜，就是大坡池裡的小魚蝦，便當的肉都是前晚先醃過，早上起來再炸，超好吃！

我出生的地方就是現在火車站前的中正路，我在那邊出生長大，後來才搬到中山路。那時候中山路還崎嶇不平，很多石頭，一般人都打赤腳在路上走，每天這樣走也習慣了。以前大部分池上人的日子都很苦，小孩都打赤腳，哪有鞋子好穿？穿的衣服都是破破爛爛，補了又再補。住街上的人經濟比較好些，很少打赤腳，小孩有新衣服可穿。我的媽媽很會縫紉、織毛線，還會做衣鞋，我從小沒打過赤腳，都穿著媽媽做的布鞋，那布鞋超好穿，底下厚厚的一層，鞋面的手繡花紋好漂亮，同學常常很羨慕，「玉修，妳好好命喔！」因爲家裡做生意，經濟比較好，生活過得算不錯。

民國三、四十年時，小朋友上學都是提著藺草編的籃子，書就放在裡面，不然就用母親做的大布巾，把課本捲在布巾裡，斜綁在身上。民國四十二年，我讀小學一年級，書包是媽媽用布做的。以前池上街上的孩子家境通常比較好，我的鉛筆盒裡面有很多鉛筆和橡皮擦。講到文具，勾起我小時候的回憶。我有個小學同學，現在大家都喊他蕭春生老師，他的爸媽是山東人，所以蕭老師個子也高，坐在教室最後面。那時候我瘦瘦小小的，坐在最前面，座號是一號。我是班長，上課時會巡一下，我看到他沒有筆好寫字，也沒有橡皮擦，什麼都沒有，坐在那邊猶豫。我就拿個小刀，把鉛筆削一削，分給他，把擦子割一半給他，寫錯了可以擦掉。

蕭春生老師的爸媽在大陸已經結婚，民國三十八年跟著政府撤退來臺灣。外省人逃難來臺灣，很辛苦，非常刻苦，那時候池上鄉公所正好缺文書，蕭老師的爸爸文書也寫得滿好，在公所做文書的工作。還好有那份工作，不然家裡幾個孩子，不知道要怎麼生活，他又是老大，那時候公務人員薪水很少，一個月才幾百塊，日子過得很清苦。

沒想到我的同學長大後，書法寫那麼好。他跟我說：「玉修，我以前眞的很感謝妳，妳對我眞的夠好的。」他一直記在心裡，送了我很多字畫，樓上房間掛著七幅他的書法，我把它們框起來。看到他的字，就想到以前。

民國六十三年，我去念臺中商專，算是空中專科學校。每個週末去臺東市上課，每隔一個月到臺中商專上課，丈夫很支持我，就是他鼓勵我去念的。那時老大才一歲，還抱在手裡，每次就是這樣背著孩子去臺東上課。每個月去臺中一次，先從池上搭火車到臺東市，那時臺鐵南迴線還沒通車，公路局還是金馬號，從臺東轉搭金馬號到臺南、高雄或者屏東，最後搭火車一路到臺中。要是明天要上課，今天一早就要出發了，去臺中上課這兩天，孩子都是丈夫帶。孩子從小家教很重要，不能離開孩子太久，當天上完課就馬上趕回來，一路轉車，回到池上已經晚上十一、十二點了，現在講起來也是很有毅力。後來因爲孩子還小，早產的孩子毛病比較多，免疫力比較弱，發高燒又腸炎，就沒有繼續讀了，剩半學期就拿到證書了呢！可是孩子生病了，孩子還是比較重要，就沒繼續讀了，很可惜。

鼎東客運的黃金年代

民國六十六年，我開始在鼎東客運池上站賣票。那時鼎東的生意眞的非常好，賣票的只有我一個人，還兼賣菸酒、零食、糖果餅乾、玩具，超忙的！除了賣票員，還有一個站長、副站長，加上司機、車掌小姐，光鼎東客運山線的車掌和司機就將近五十個。那時候錢又很大，一張從池上到臺東的全票才十九塊而已，一天賣出去的票就將近兩萬塊。搭鼎東從池上到臺東大概一小時四十分鐘，那時火車班次少，鼎東又比火車還快一點，所以當時的池上人外出幾乎都靠鼎東客運。一天光是從臺東駛來池上的車就有十七、十八班，到晚上八點才結束，乘客非常多。臺鐵還沒有自強號，光華號算是最頂級的，光華號之前，去臺東要三、四小時，我還在臺東市念女中時，一、兩個月搭火車回池上一次，假如明天要回學校報到，今天晚上就要搭夜車去臺東。那時候還沒有鼎東客運，火車班次太少，回來一趟不簡單，花的時間相當於現在的池上到高雄。

客人一上車，車掌小姐就收票，撕一半，一半給客人當存根，下車再把存根還給車掌小姐，這樣就沒有辦法逃票。車掌一吹哨，表示車子可以開走了。那時每位車掌小姐都非常愛漂亮，大多是原住民，漢人較少，比例差不多六比一。客人看到車掌小姐很漂亮，有時候也會虧，有的車掌小姐就這樣和客人對上眼，就結婚了。

有的人經濟比較不好，投機取巧不買票，不是偷偷爬窗戶，就是先躲在停車場，趁司機車掌外出休息時，偷偷從窗戶爬進去，躲在車子座位底下。車站形形色色的人都有，在車站相罵、情侶吵架、瘋子，還有一路在車上大吵大鬧、喝醉在車上大小便的人都有，都是司機自己負責清理。以前男女老少都搭鼎東，因爲人多，比較沒身高限制，有人帶比較大的小孩，都沒跟他們收票。後來因爲生意變比較差，開始設定身高，劃一條線，超過這個高度就要買半票了。

民國七〇年代初就沒有車掌小姐了，因爲開始使用電腦售票，客人都在站裡買票。民國七十一年底，自強號開始停靠池上，火車班次也變多，之後鼎東客運的生意落差很大。但自強號沒有停靠的村落，那裡的居民還是需要搭鼎東。再後來，幾乎家家戶戶都有車了，更少人搭鼎東。這個狀況很尷尬，但鼎東不能廢掉啊！搭的人多半是住偏遠地方的村民，很多是老人家，或是經濟比較弱勢的人，雖然目前鼎東車票比火車貴，但因爲村落對外交通不方便，有些人到火車站不方便，有的人行動不便，走不了那麼遠，只好搭鼎東。鼎東客運停靠很多村落，所以開車的行程會拖延一點，比火車慢，可是很多獨居老人，沒有鼎東不行呢！有的老人想去關山慈濟醫院看病，走不到火車站，只能打電話叫計程車。看一次病，要花那麼多錢，要是經濟又不好怎麼辦？很多老人到關山看病還是搭鼎東，所以鼎東不能廢掉，但營運狀況又不好，後來的鼎東，要不是交通部有補助，不然眞的會倒閉呢！雖然有政府的補貼，我還是希望它能夠多賺錢。

民國八十幾年的時候，司機收入差不多兩萬二、兩萬三左右，換作現在，光養家還不夠。我曾問那些司機，他們說這樣的薪水養母子養不好，光靠一個人的薪水眞的很辛苦，還好太太有兼差幫忙賺。以前沒有健保，孩子都生兩、三個，司機也很辛苦，有時因爲孩子生病沒有錢，薪水又不高，常跟我借錢，有借都有還，要信任他們，就是知道他們有困難才會向我們借，對不對？

我民國九十年退休，退休前兩年我變成池上站站長，校長兼撞鐘。那時候太累了，因爲司機很會脫班，有時孩子生病、身體不舒服，沒有請假就脫班，我當站長要臨時調動司機來池上載通勤的學生，還要確認從臺東託司機們載的東西有沒有進站，例如輪胎、日用品，當時都是托鼎東客運送過來。當站長眞的很累，才兩年胃病就來了，因爲身體不好就退了下來。從六十六年到九十年，在鼎東客運整整二十五年。

我退休之前，鼎東的生意已經不好了，我的薪水也是抽成的，到我退休前，一天賣出的票才兩、三千塊而已，一個月薪水也只有兩、三千塊。民國八十幾年以後，一個月薪水都只有幾千塊而已。

目前臺灣財政赤字，又高齡化，就和日本一樣。年輕人一個月薪水兩萬多一點，只夠自己花，經濟基礎好點的年輕人才可以養家，才能給孩子較好的教育，目前每況愈下，我感覺，三年以後會更差。我現在出門就是去看兒孫，大兒子總算熬過來了，晚上可早一點下班，小兒子眞的拚死拚活，薪水就算不錯，也是血汗錢，晚上八、九點才到家，很心疼呢！老婆也在工作，小孩託給岳母，我跟他們說：「媽媽自顧不暇了，我沒辦法幫你帶。而且我也要畫畫、寫字，我自己的興趣還是要培養，我要做自己。我以前爲了你們，現在我要爲自己著想，從我的興趣從新出發，不能再幫忙帶孩子。」

來不及說再見

兩年多前，我丈夫突然在臺北過世，當時是去看孫子，突然間心肌梗塞。才剛從兒子家離開，準備走回女兒家，沒走幾分鐘，丈夫突然說很喘、很不舒服，說要喝水。我趕緊去買一罐水給他喝，他喝了幾口，回到女兒家，在客廳坐沒兩秒鐘，就跑去廁所吐。一下子滿身汗，好像淋到雨，臉變紫色，前後沒十分鐘的時間，就過往了，就這樣子。我當時一直在他身邊，那時候眞的……我過去也在社團學過急救法，但是一緊張害怕起來，嚇到不知道怎麼幫他做 CPR，一下子，就這樣過去了，沒有送醫院，來不及了。

後來醫生診斷是心肌梗塞。那時候眞的生不如死，實在是痛不欲生。我的丈夫上知天文下知地理，是我的良師，也是我的益友，脾氣好、學識好、人很客氣，對孩子、對我非常好，突然間猝死，我眞的不能接受。丈夫過世後，我暴瘦十公斤，沒吃沒睡，他平時對妻子孩子很好，是個很有教養、很有耐心的人，就這樣子，很不捨。現在算起來也兩年多了，好快，時間過得眞快。

那時兒子媳婦三兩天就打電話回來，怕我想不開。我跟他們說：「媽媽很堅強，只是爸爸一下子這樣去了，很捨不得。我不會尋短，你們放心，你們這幾個孩子都這麼孝順，我不站起來怎麼可以？」我還是孩子們的支柱，我要是倒了，一下子失去兩個，孩子怎麼辦？就這樣慢慢調適自己的心情。

那陣子嚴重憂鬱，晚上睡覺突然醒來，眼睛一張開就悲從中來，只能慢慢調適，不能一天到晚苦著臉，再怎麼想也挽回不了，要堅強地走下去，不能說心愛的人走了，自己跟著他這樣子，起碼孩子還在身邊，我還是孩子們的支柱，就一直這樣想，差不多一年半，我就走過來了。不過夜裡多多少少還是會夢到丈夫回來看我，跟我講話，他會跟我聊一些家常話，有一陣子我夢到他跟我說：「我很捨不得妳，我就這樣走了，很捨不得妳。」他說：「妳是我的好妻子，妳是我們家裡最大的棟樑。」攬著我，一直哭。到目前爲止還是常夢到他呢！

樂齡繪畫班

兩年多了，現在心情好轉了，還好平時我都有在培養興趣，寫書法、畫圖，偶爾去社區唱唱歌，在家裡也會唱唱歌。我參加樂齡班四年了，我覺得這是我最好的興趣，眞的。我本來就喜歡塗塗畫畫，我還參加書法班，星期二寫書法，星期四畫畫，星期五幼兒園的代間學習活動，年底樂齡繪畫班還有展覽，池上火車站現在也有展出大家的畫作。我練的書法有好幾種，隸書、行書、行草書、大篆、小篆，還有硬筆字。專心在畫畫、書法，能夠讓我把不愉快的事情都忘得一乾二淨。

平常白天家裡就剩我一個，週末女兒才在家，一個人在家時，就畫畫、寫字。畫畫時我完全沒有想其他事，就是靜，心裡很單純，一心把圖畫好，沒有雜念。有時候放音樂來聽聽，看著畫，賞心悅目。畫畫的靈感，來自出國旅遊看到的風景，我去北京天壇，印象很深刻，回來後就把它畫起來。去九寨溝回來後，我畫了九寨溝彝族的女孩子，她們背著竹簍，打赤腳，打扮得很漂亮但又打赤腳，不合邏輯的感覺，我印象很深刻，一回來就馬上畫起來，才不會忘記。我畫她們穿的傳統衣服，不是看著照片，只憑我看到的印象，輪廓先畫出來，細節部分再慢慢去調配。畫這些，非常開心。

我平常煮飯炒菜時喜歡哼哼歌，畫畫、寫字、唱歌，這三樣都是我的最愛。每星期五去幼兒園參加代間學習，和小朋友一起玩、一起畫畫，只要沒有生病，我都會去。跟孩子一起畫畫，主要是看他們畫些什麼，看他們腦海裡想著什麼。跟我一起畫畫的是慶豐餅店家的女兒，很喜歡講話，她說：「阿嬤，我畫得好漂亮，我畫綁辮子的女生喔！前面還有頭髮。」她還不會說「瀏海」，她說前面還有頭髮。跟孩子一起畫畫，好像回到童年，好像跟自己的孫子玩。人家說帶一個嬰兒要消三年，就是說帶一個孩子到長大可以走路，要整整三個年頭，想到以前我們也是這樣子，很像自己的孫子、孫女。小朋友還會幫我按摩呢！他說：「阿嬤，妳好辛苦，我給妳按摩。」

早上醒來，想到我又多活了一天，這樣不是很好嗎？不要太悲觀，人生本來這條路就遲早要走了，什麼時候走，自己都想不到，快樂也是一天，愁苦也是一天，盡量把自己的心情放寬。現在除非晚上夜深人靜才會想到我丈夫，平常白天我很專心畫畫、唱歌，我不想……以外的事情都不要想，別煩惱那麼多，再煩惱，有些事情也彌補不回來。

生病時，我也是照常在家畫畫、寫字，女兒有時會念我，生病了還在畫畫、寫書法，不要寫了，好好躺著。我說我在床上躺那麼久我受不了，畫畫也是種心理治療，會感覺開心，身心理都會變好。去樂齡繪畫班上課也很開心，可以去那邊聊天，不會畫的人就請教別人怎麼畫，同學就教他怎麼打底、打草稿、從哪裡開頭，「喔！原來是這樣子！」下次就比較會畫了。老師只有一個，如果每個學生都喊：「老師這個怎麼畫？」一下也教不來，所以老師安排比較資深的和新來的同學坐一起，互相幫忙。有些同學年齡比較大，不像年輕人反應比較快，不知道怎麼開筆，我們先教他怎麼開頭、怎麼打底，下次就知道了。

以前只有學生時代才能塗塗畫畫，之後生孩子、帶孩子、工作，完全沒有時間畫畫，等孩子長大，去樂齡班後才開始畫。我現在很想畫一張非常漂亮、非常賞心悅目的畫，參加展覽，讓大家看到我的進步。展覽最主要是讓人家知道，多多少少我們還是沒有把自己的興趣荒廢掉，對自己也是一種鼓勵。多畫多學，總是好處。等到孩子大了、退休，才找回原來的自己，我現在七十一歲，從學生時代到現在，整整四、五十年，才把自己的興趣重新找回來，你想想這多麼珍貴！所以除非身體不好，還是家裡有什麼重要事情，我幾乎沒有缺課。年紀不是關鍵，隨時都可以開始。

最喜愛的地方

我非常喜歡池上大橋的風景，從池上大橋下來，要進入池上那段風景，感覺好像到了人間仙境，簡直就是……你不覺得那裡很像歐洲嗎？兩邊都是稻田，這邊是海岸山脈，那邊是中央山脈，稻田綠油油的，樹也綠油油的，一路上看，池上怎麼那麼美？很多朋友跟我說：「你們這邊好漂亮，你們眞的好幸福。」我最喜歡的還有大坡池，我的童年都在那邊度過，在那邊摘菱角、摸魚蝦，有很多荷花，那是個超棒的回憶。

五洲戲院——在黑暗中共同凝視那片光

二〇一六年冬夜，地方社團在五洲戲院前的空地辦了兩場蚊子電影院，一切從簡，空地旁正好立著一盞路燈，就是最好的照明。白色大布幕前，排了幾排塑膠椅，旁邊搭個烤箱，烤起了香腸，再擺上幾桶古早味紅茶，散發出簡陋但性感的鄉野風情。連續兩晚，頹圮的廢棄戲院前，蚊子電影院就這樣開始了。布幕隨著冬夜的風微微晃動，只有電影與路燈發出稀微的光，有點毛骨悚然之感，但眾人齊坐，形成一股暗黑中的暖流。

路燈旁的露天電影院和現代電影院的差別不只是有沒有屋頂而已。少了屋頂，也少了許多限制，香味四溢的烤香腸不再令旁人火大，孩子們在廣場旁打滾嘻鬧，父母不再緊張地趕忙阻止，想抽菸的人隨時起身，走到角落，打起火，眼睛仍能跟上劇情，這個電影院，不排除每種人。如此的開放性空間彷彿有種魔力，一點喧囂、一些耳語、一點食物的氣味、狗兒穿梭、孩童玩樂，少了屋頂與各種硬體設備，那些在現代電影院裡被嚴格禁止的行為，在這裡都成了魅力的一部分。男女老少，各世代的人聚在大螢幕前，共同創造一種層次多元的人間風景。

第一天上映《太陽的孩子》，第二天上映《破風》，那天的觀眾很多都是很久沒進電影院，或無法進電影院的長輩們。觀眾或站或坐，兒孫抱在腿上，有的人一手香腸一手紅茶，送貨的阿伯騎車經過，好奇停下來看。劇情演到競賽當中，男主角被對手惡意衝撞，眾人不約而同驚叫，當反派自食惡果摔車了，觀眾又一同拍手叫好。這個場景，宛如義大利經典電影《新天堂樂園》的重現，人人看似彼此毫無關係，但情感不知不覺連成一線。

問一些八十幾歲阿公阿嬤，電影好看嗎？老人家眼睛不好了，又是年輕腔調的國語，字幕對他們而言閃得太快，有的不識幾個字，劇情理解跟不上，但這些都是其次，他們喜愛的是有趣、愉悅的氣氛，一個不是只有被電視陪伴的冬夜，一種在人群中瀰漫著的青春回憶。

八十歲的桂花阿嬤，當年是五洲戲院的老闆娘，連續兩天都坐在席上，從頭看到尾。五洲戲院就在她的住家前面，民國七十一年關閉之後，眼見一天天頹圮。地方社團才正想著如何修復戲院，三年多前的一場颱風，屋頂掀個半光，屋樑坍塌，嚴重毀損，修復無望。人們只能在外邊走看拍照，裡面成為野貓繁衍生命、餵養下一代的聖地。

民國五十二年，五洲戲院開張。桂花阿嬤的公公賣掉田地，桂花阿嬤賣掉嫁妝，全家一起經營戲院。每星期都得和區經理協調，必要時包個紅包，只為了能在好時段排到好片子。成捆的片子裝在麻袋裡，在花東縱谷的戲院間沿北流動。每天和丈夫騎著車，載著廣告看板，沿路宣傳即將上映的片子。

多數老池上人談起過往的生活記憶，通常不會漏掉戲院。我的奶奶每晚剁著菜，為明天一大早的醬菜備料，鄰居媽媽們一同來幫忙，早點做完，還有點時間一起趕到戲院去看個晚場。在電視還沒普及的年代，戲院是鄉民的第二個客廳，是終日勞動後的身心舒緩。

外省老榮民們回憶起當年繁榮的池上，總會提到戲院，那是榮民伯伯們的最愛。在真正反攻大陸前，透過愛國電影想像家鄉的模樣，終日低頭在荒地拓墾，但總有一個晚上的時光是抬頭凝望，多少對未來還有些期待，相信有天還能回家。

但就算抱著浪漫的懷舊之心，戲院無法再回到曾經的黃金年代，當年的戲院常客一個個老去，有些事物就只會那麼一次耀眼過，消逝的風光不可能再回來。眼見曾帶給我們美好回憶的事物被時代無情的淘汰，總會有些感傷，但假若讓老戲院重生，也不敵大型影城的豪華設備與複合式服務，它再也無法滿足現代人對視聽聲光的高標準。懷念這種事，還是停留在偶爾的懷念就好，變成現實，反成了另一種殘酷。

就算無法回到過去，仍可將這種精神轉換為新的形式延續下去。鄉間有許多無法開車、行動不便的長者、獨居者，他們極度依靠鄰里的社會網絡，這輩子不可能再去市區影城看電影，晚間若不是和鄰居聊天，就是盯著電視整晚，然後關電視睡覺。他們雖有客廳，但那是個寂寞的空間，人生晚年有許多時間被孤單占滿。

鄉鎮衰頹的主因表面是人口減少，更根本的原因是社會節點喪失，於是住著許多寂寞、缺少連結的人們。一個個看起來毫無生氣的寂寞空間，與一群生活在此的寂寞人們，在我們生活中，有沒有一種公共空間，讓不認識的彼此有一同圍坐在火堆邊的感覺？

那晚的蚊子電影院讓我從另一種視角去理解黑暗。黑暗創造暖流、化解尷尬、消滅差異，人身在黑暗中是為了凝聚，為了更清楚地望向光。

去年八月的某個炎夏，池上無預期停電，連路燈都不亮。沒電視沒網路沒冷氣，人的生活完全停滯，無事可做。左鄰右舍還有路人聚在街上納涼聊天，不管認不認識，齊聚討論停電這個話題。與其是抱怨，那聲調聽起來更像是興奮，我聽見一些好久沒聽到，小時候曾經熟悉的聲音，鄰里那位平時內向、少和人互動的阿伯，在黑暗中滔滔不絕。

科技到底是不是始終來自於人性，為什麼在黑暗中，大家變得健談熱絡，在路燈不亮的黑暗街道，眾人更有圍著火堆的感覺。回憶上次街上如此的光景與聲音，是在小學時代，那時候，家門前的榕樹還沒砍掉，街上嬉戲的孩童遠比汽車多，也不是家家户户都有電視。

電來了，街道亮了起來，眾聲歡呼，各自回家。街道再度變回寧靜，呼嘯而過的車聲再度大過人與人的交談聲。

我們到底懷念老戲院的什麼？或許是在那個一切仍簡陋又拮据的年代，在終日勞動後的晚間，與眾人齊坐，在黑暗中共同凝視著那片光。

口述：魏桂花

民國三十八年到四十三年，我讀小學，那時還沒有電影院，只有露天舞臺，用茅草圍起來，麻袋接起來當布景。演員都是四處流浪的人，也沒什麼服裝道具，就這樣演了起來。他們都找個子好、面相美的人，這些人都很聰明，一演起來，好像有神在牽，很少見到這樣的人。我們家都請瞎眼的人，直接在家外面演了起來，講講勸世文、賣藝、唱歌，然後給他們一點錢或請一餐飯，這是以前人晚上工作完的娛樂，後來才延伸到野臺戲，戲就是這樣來的。

五洲戲院民國五十二年開幕，當初我公公和兩個朋友一起合資，想著要開旅社還是戲院。我爸爸覺得開旅社比較省本錢，東西髒了洗一洗還可以用，不過最後還是決定開露天戲院，所以五洲戲院一開始是露天戲院。露天就不算房子，不用繳稅金，演的是布袋戲，因爲光線的關係，只有晚上開演，下午不能做。一個戲班大概三、四十人，是戲班頭家跟我們租場地，他無法負擔的就要我們戲院的人出，後來他連吃飯也沒辦法了，要我們出錢讓他們吃飯。那時還有種田，但也沒賺多少錢，後來家裡一起討論，來開戲院好了。

民國五十四年我嫁來，當時嫁妝還有五千多塊，拿去臺東市買瓦片，回來蓋戲院屋頂。民國五十五年買了機器，開始放起電影。放電影就要買放映機，我家在萬安有一甲三分地，賣給龍仔尾的人，把錢拿去託一個師傅買機器。師傅先來測量戲院的長度、斜度、電的瓦特，測量完就去日本訂，安了兩臺機器。還買了螢幕，螢幕上有很多小點，光線才會聚焦，但螢幕是消耗品，久了有灰塵，會變黑，要用一種銀色的染料去噴，看起來就會變白。從此之後，歌仔戲也可做，電影也可放。

五洲戲院的黃金年代

賣票顧門口的是我婆婆，我負責放電影。電影有時候會模糊，就是打架了，或是焦距太遠，半公分的距離，是最亮的時候。電影每天換，好片就放兩天，禮拜六、日生意比較好，就多一部片當副片，要是生意好就加演。二輪片就拜託關山東山戲院的老闆安排片路。當時東山戲院的老闆兼經理，一個經理可以管十到十幾間的戲院，負責安排片路，好的片子都排在禮拜六、日，每個戲院都要搶。頭輪片很貴，價錢要破萬，最多才給你放兩天。二輪片比較便宜，差不多也要三、四百塊。一部片用布袋包著，裡面有四捆，要是沒分成四塊，會太大，有時候電影放到一半，影片突然斷掉，只能請觀眾休息一下，趕快接片。

一放完片，要趕快傳給富里的戲院，例如今天關山上演，明天輪我，後天就輪到富里瑞舞丹戲院，大後天輪到玉里。玉里的戲院一放完就寄回總公司，一部片大概輪了十到十幾間。總公司讓區經理管十幾個戲院，區經理負責排片，看什麼片子什麼時候輪到哪家戲院，要先取得消息。例如今天週四，經理排了十支片子給我，我先看一下下禮拜演些什麼，星期六、日是重要日子，我們五洲戲院不滿意，覺得星期六、日應該要排更好的片子，就要趕快打電報給經理，他才會幫你換。那時候沒有電信局，都是上郵局，用電報來聯繫，很麻煩，算字數的呢！我還要額外貼錢給排片的經理，因爲這工作很麻煩，排片子頭腦要很靈光，要很快轉換。

若戲院今天有兩支片，就下午放兩場，晚上三場。若一支片，就下午一場，晚上兩場。頭一次演的，晚來的人沒看到，他們就會一直坐在那，劇情接上了才會走，一張票可以看整個下午，沒有在清場的。片子快放完時，就會放小孩子進去看，因爲小孩子是種宣傳，他們回去會講，說電影很好看，才會拉大人來看。做電影，最重要的就是宣傳。

我的工作除了放電影還要貼廣告，電影海報都是總公司發派的，不用自己畫。我把廣告標語寫好去外面貼，還要到街上宣傳。我老公先錄好音，我再去外面放，一開始是用三輪車當宣傳車，車兩旁貼看板，老公騎車，我在後面推。後來改騎機車，後座釘一個箱子，箱子中間放錄音機，喇叭擺前面。

以前農場開發處的工頭早上就會先來綁繩子，把前面的座位圍起來，其他人就不能坐。若今天五洲戲院的片子比較好就來這裡，其他戲院的片子比較好就去那家。那時候戲院生意很好，我們這裡可以容納四百人，座位兩邊都可以站。

戲院有巡邏箱，警察每天來簽到，維持秩序，順便站在後面看。以前的情侶都是騎著腳踏車來看電影，有的晚上看完電影後，會去旁邊的福原國小約會。以前不能做壞事，那時候都是做媒，連公開牽手都不敢，訂完婚才敢一起來看電影。

臺灣當時的電影公司有三家，池上的三家戲院主要放其中兩家的片，邵氏和嘉禾。我們戲院都是放嘉禾的片，邵氏公司的片子被池上戲院和玉山戲院買斷了。池上人愛看臺語、國語片，加字幕的西洋片看不太懂，那時教育水準比較低。當年池上最愛看電影的是住車站後的人，大多是阿兵哥、做工的人。阿兵哥比較喜歡看槍戰、決鬥、武打。喜歡文藝愛情片的大多是街上的生意人。文藝、家庭倫理片長一小時四十分到兩個鐘頭，武打片就一小時半。當年最紅的影片就是李小龍武打片，像《唐山大兄》，還有王羽的《龍虎鬥》。文藝類的就是《彩雲飛》、《東邊晴時西邊雨》。《彩雲飛》那支片很貴，被另外一家戲院買去，光一支就兩萬二，沒有回本。

以前池上還有人專門在放限制級的片，這要特別去跟經理講，讓人去牽線。這不能讓警察知道，所以都是晚上十二點，末場電影結束後才偷偷放，這個時間警察比較不會來了。這差不多是民國五十四年到六十年的事。有一個路線是專門在做這生意的，還有專門播放的小機器，要人客在一個小角落看。要弄到一部A片大概兩萬多元，以前首輪熱門片的成本也才一萬多，片長只有二十分鐘，所以至少要有十幾人看，價格要看片子的成本，一個人大概出個五百到一千。限制級的片外國本國的都有，外國的比較受歡迎，比較刺激，動作比較大膽，臺片感覺比較熟悉，就沒什麼好看。這種事不能廣告，都是認識的找認識的一起去，所以一般都是夫妻相招來一起看，要是突然看到有不認識的人出現，就趕快收起來。我先生帶我去看一次，我才知道有這種事，當時是在池上戲院，看完回家也差不多兩點了。

最快樂與最辛苦

最快樂的就是有錢賺，所以最快樂的就是過年，人客一多就很高興。做這行最辛苦的就是要出去廣告競爭，池上當年有三家戲院，非常競爭，哪邊片比較好，人客就去那邊看，我這邊就比較沒生意，所以要很積極的打廣告。早上出去廣告，電影差不多要結束後又要去廣告，電影票價要比別人家便宜一點，還要應付得過開支。以前晚上人沒地方去，就是看電影，不像現在有電視好看，待在家就好了。

戲院生意最好時差不多是在民國六十五年左右，大月包小月，三、九、四、五月是小月，過年生意最好，一到過年，小孩都要幫忙，做到很怕，還要給他們紅包呢！過年賺的包小月，我開這個戲院也把四個小孩養大了。

一張票，一開始賣三塊，然後五塊，後來一直漲，漲到四十。彩色電視出現後，戲院生意就不行了，開始入不敷出。一天收入只有四百，最差只有一百五，我就是沒有賺錢才放掉戲院。我老公去幫人種田，戲院沒做了，至少還有一點田。

我們七十一年十一月二十九日結束營業，我記得很清楚，因爲三十號那天，我婆婆就中風了，收拾那些東西，實在太累了，戲院後來就這樣關閉，不要了。

後記

從一個人到一本書，從一個瞬間到一個永恆

追溯到寫這本書的最原點，是在三年前的大年初一，在池上最熱鬧的街道看到一位榮民伯伯的那個瞬間。那位老伯伯穿著一件復古舊式西裝外套，騎著一臺老爺腳踏車，在中山路上飛奔。吸引我目光的是他那俐落的動作，在同齡長者中非常罕見。他瞇起眼猛踩著踏板，風吹起他的西裝衣擺，那神情與動作有著一種世紀男兒的瀟灑姿態，彷彿是民初電影的某個片段，被錯置在現代的棚景。在闔家團聚的年節時刻，一位九十多歲的老人獨自騎著腳踏車，流利地閃過重重車陣，彷彿穿越了時代，穿越世間的

一切悲喜。那一幕令我印象深刻，我當時想著，如何才能捉住那個美麗的瞬間？

眞正認識張華福伯伯，是在三個月後。一位記者從臺北到池上進行長達三天的採訪。回到臺北後，她告訴我，她在池上碰到一位令她印象非常深刻的受訪者。我在她的採訪照片中確認，就是大年初一在街上看到的那位榮民伯伯。這位記者告訴我：「請妳務必繼續寫，把池上更多的故事寫給我們看。」

在與臺灣好基金會徐璐討論接下來該寫些關於池上的什麼時，徐姐告訴我：「妳只要追隨妳的心。」第一次在街上見到伯伯的那個當下、那位記者的話，以及正式進入訪談工作前徐姊的提醒，不知不覺已爲這本書定了錨。

瞬間可以是毫無意義，也可以是一篇動人的故事。瞬間可以就這樣毫無痕跡地消逝，也可以串起各種奇妙的機緣。從街上意外瞥見的一個美麗瞬間到成了一本書，這之間需要各種意念的連結與行動的積累才能實現。一位獨居老兵、一個偶然的瞥見、一位記者、許多人的指引與協助，還有每位受訪者的完全信任，我讚嘆從一位獨居老兵爲起點，接著蔓延的所有人與人間的連結，那引發的力量是如此強大。

這位記者在接下來的農曆年前，都會抽空從臺北來到池上找伯伯，不爲採訪，純粹是拜訪。華福伯伯是讓她一來再來池上的理由，我想起廖雲章在《流浪西貢一百天》寫下的那句話：「與其走遍一座城，不如好好認識幾個人。」

父親的獵槍——當瞬間成為永恆

故事常被認爲缺少嚴謹的文史考證，或者它們講述的常是平凡人的平凡小事，所以聽聽就好。但故事在另一方面呈現一種眞實，它捕捉當事人在某些關鍵時刻的情感軌跡，這些瞬間，影響了往後的事件發展。人們在這個當下看待這些事件的意念，在往後的生命軌跡中發揮了定錨的力量。故事不只是陳述事件，透過對事件的立體性刻劃與情感張力的呈現，產生了穿透力與連結感。我們可以透過許多資料知道一個歷史事件的來龍去脈，但我們無法深刻了解它如何影響一個人、一個家族、甚至一個族群的命運，以及人性是如何在這些事件中呈現各種樣貌。

第一次感受到瞬間所散發出的永恆力量，是在訪談池上菜市場的賣衣阿姨邱美女的時候。

來自海端鄉霧鹿部落的邱美女阿姨當年只和丈夫見了一次面，就決定訂婚。那個年代，社會大眾對外省人的歧見仍深，榮民丈夫和布農族妻子，老夫配未成年少妻，成了部落裡的笑柄。部落的人預言，新娘子沒多久就會跑掉。

訂婚前一晚，父親拿著一把獵槍，站在石灶前。邱美女問：「爸爸，為什麼你要拿槍？」父親告訴她：「妳要嫁的話，就給我守規矩，不要亂七八糟，人家都會笑話我們。假如妳出什麼問題，像是紅杏出牆這類的，我就一槍斃了妳，然後爸爸也死掉。」邱美女告訴爸爸：「爸爸，你放心，我再怎麼困難、怎麼委屈都會放心裡，我一定會讓你名聲好，絕對不會讓你聽到什麼亂七八糟的事情。」

往後的日子再苦，她都會想到那個晚上，父親拿著獵槍站在石灶前，對她說的那些話。「我為什麼現在想起來那麼感動，就是想到當初我爸爸拿一把槍站在我前面，所以我一輩子把爸爸的話放在心裡。」

二〇一六年，海端鄉布農族文物館展出一把百年前來自海端鄉的獵槍，當時採訪海端鄉布農族耆老胡金娘時，她說：「布農族的獵槍是獵人的第二生命，是非常神聖的，不能隨便拿來把玩，祂保護家園，也保護農田和我們的文化。」我想起邱美女的故事，布農族的獵槍與父親的慎重叮囑，也讓一段跨越族群、年齡的婚姻走過半世紀，從兩人的單打獨鬥到子孫滿堂。

第二次感受到瞬間帶來的永恆力量，是李銀廷伯伯在離開湖北老家前，與父親的最後一次對話。歷史透過種種瞬間改變一個平凡人的命運，一個不經意的細微事物或者一段簡短的對話，從此讓命運轉了個大彎。故事不只是被拿來懷舊而已，它讓我們回頭發現日常生活中容易被忽略，但實則對生命影響深遠的那些人、那些事、那幾段話。

奶奶的醬菜與《東和一甲子》

還記得在準備寫第一本書時，我利用晚餐後的時間錄下爺爺的二戰記憶，從一位臺籍日兵的視角去窺見日治末期臺灣青年的時代命運。那時奶奶已經臥病在床，靜靜地聽著爺爺與我的對話，有時插話。我傾聽著二次大戰末，才十九歲的爺爺搭乘辰春丸前往印尼戰地，才一出海，美國軍機來襲，在巴士海峽經歷一場驚險的海空戰，奶奶硬是要講以前在後院養豬的回憶，無意中被我錄下。

當時我只惦記著那些時代的大風大浪，忽略一輩子在廚房的女性心事。半年後，奶奶過世，某個夜晚，我打開當時錄音檔，聽著奶奶的聲音。終日操勞家事的奶奶，看著小豬蹭奶、吃奶，是種療癒趣味。母兔跑到床下偷偷生小孩，等白絨絨的兔仔紛紛從床下跑出來才被發現。母豬剛生小豬時，奶奶半夜得起床看照，注意母豬別不小心把小豬仔壓死，那些小豬仔長大都會變成錢，是孩子的註冊費。

奶奶過世後，陸續從一些老池上人口中聽到關於奶奶的回憶，絕大部分都跟烹飪與味覺記憶有關。當他們知道我是東和醬園家的孫女，不自覺就提起了當年的醬菜。他們所描述的都是我小時候還沒起床前的繁忙清晨。東和醬園的醬菜，是老池上人的共同記憶，許多孩子、勞工們每天帶著飯盒，裡面裝著東和醬園的醬菜。奶奶製作的肉鬆，是當年許多池上媽媽們寄給在外孩子的家鄉味。池上便當創始人陳雲奶奶也曾說過，以前每天早起煮米飯、備便當料，節省柴火的方法，是奶奶當年教她的。

當年住隔壁的小孩，現在也已五十多歲，以前每晚聽著從隔壁傳來的堵堵聲，每經過我家門前，看到奶奶的菜刀俐落地直直落，對孩子而言是很驚悚的畫面。他回家跟媽媽說：「好擔心李媽媽會剁到手指。」我奶奶活到八十五歲，天天剁出來的一盤盤醬菜，養了子孫三代，而且十指完好。我慢慢從人們口中得知，當年奶奶剁菜如此急切快速，原來是爲了趕去五洲戲院掃個戲尾。附近楊太太、張太太常常來幫忙，男人們剛從戲院看完電影回來，女人們正好可以趕上最晚場。

口感細緻、層次多元，只有細膩、溫柔的心可烹調出來，但我印象中的奶奶，是節儉近乎吝嗇，規矩很多，記憶中大多是那張生氣的臉。廚房是激發她生命熱力的戰場，是揮灑自我價值的舞臺，而廚藝高超的奶奶，最後幾年再也無法親自烹飪，連提起臉盆、扭乾抹布都無法，常失手打破碗。那種失去舞臺的沮喪，轉換成憤怒與陰晴不定，和餐桌前挑剔菜色的尖酸刻薄。我們懶得傾聽，拒絕承受，也沒表現出欣賞與感激。現在回想，在廚房中的奶奶，心惦念著家人的胃，有多孤獨。

有緣當幾十年的家人，卻從來沒去發掘奶奶在廚房的神奇魔力。相處在同一屋簷下，就算是最熟悉的家人也有著我們永遠不會見到的另一種面貌，宛如月球的背面。奶奶走了，沒留下半點家傳好味，當年的好手藝，只殘存在一些老池上人的記憶中。

我寫過一些池上人的故事，但關於自己家族的記憶是如此零碎。劉福田先生所執筆的地方獨立刊物《東和一甲子》詳細記錄東和醬園六十年的歷史，其中幾頁寫著奶奶生前的手路菜食譜。在《東和一甲子》中讀自己的家族，裡面所述的大部分內容，我原先並不知曉。我沒有及時捕捉的種種瞬間，一位作者將它化為了永恆，錯失掉的家族記憶，被另外一個人穩穩接住。這本書是關於我奶奶這位典型又平凡的女性，一輩子唯一的生命紀錄。

時代之風吹過田野，穿過各個街頭巷尾，流轉在每個家的點滴時光。家家戶戶都有故事，或許也都藏有這麼一些遺憾，但在訪談許多老池上人時，不知不覺也從他們口中拼湊起關於我奶奶的記憶。每個故事絕對不會只關乎於一個人或一個獨立事件，它最終會變成許多人的事。人人生而在世，總會有所交織，總會彼此牽動。

記憶之網——神祕的日軍機場、修飛機場的小孩與萬安公墓的螢火

人人共同編織一個關於地方的記憶之網，每個人的生命點滴和其他人不斷交疊，共同呈

現一個馬賽克風格的地方記憶圖像。每個馬賽克磚都會在屬於它的位置散發獨特的光澤，每塊微小的記憶拚圖，都是一個引導我們觀看大事件的獨特視角。

大東亞戰爭爆發後，二十多萬臺灣青年被送往南洋戰地，日夜都有臺灣妻母為著在前線的家人擔憂哭泣。臺灣人關於戰爭的記憶圖像大多看起來悲苦，但也不全是悲苦，池上時代皮鞋店老闆娘桂香奶奶的戰末回憶，在刻苦中充滿樂趣。無論處在多艱困匱乏的環境，孩童都具有歡笑玩樂的本能。

二次大戰末期，日本在盟軍的夾擊下，在中國與東南亞戰線陷入困獸之鬥，年輕男人上了戰場，農村嚴重缺工，後方的學生與村民必須義務勞動。一提到當年的農事與粗工，桂香奶奶忍不住大笑，「我童年最快樂的記憶，就是每天出門做工時，一邊走一邊和大家說說笑笑。」

一九三二年出生的詹桂香奶奶，當年是參與修築池上戰備機場的小學生。昭和十八年，一群關山公學校（今關山國小）的孩子們，搭著火車到池上參與義務勞動。這群小朋友的工作是協助修建日軍機場，晚上就睡在池上國民學校萬安分教場（今萬安國小）的教室。

「我十二歲，念六年級。日本時代念書好甘苦，壯丁都被調去當兵，我們學生也不能閒著。早上五點一定要去掃神社，每天早上便當拿著、背著書就去學校，然後就開始除草、割稻、做番薯籤、割豬菜、割馬草，然後曬在運動場，還要幫忙剝一種樹的皮，用來織布。那時候正是戰爭，物資短缺，學生都要幫忙農民，因為農民壯丁都去當兵了。大東亞戰爭爆發後，我們沒有讀到什麼書。

我後來被調來池上做童工，從關山搭火車來池上，再從車站走路到萬安國小。車頭前只有幾間店，池上便當店已經在那了，中山路也只是個牛車路而已。從車站一直走路到萬安，沿路沒有幾個房子，都是田。老師也跟著我們來，晚上就在萬安國小打地鋪。

當時正值戰爭，機場不夠，每天走路去做工，幫忙修機場。那邊全都是荒地，先把石頭搬開，再把地整平，很多當地人也在做。壯丁都去當兵，兵都不夠了，都是平民在做義務工作。在機場工作的都是年紀比較大的，例如每家派一個人，有日本人、村里長，還有學生，幾百個人在那邊。全班同學都去挖石頭，在這麼大的太陽底下搬石頭，很辛苦，光搬石頭就不簡單呢！以前全部都是人工，到處都是大石頭，也沒有炸藥炸，戰爭就不夠砲彈了，怎麼可能拿來炸石頭，連牛車都沒有，只能從底下挖，然後滾到一旁，小粒的就拿在手裡。

吃飯都是配給的，在機場做工吃的大多是飯和番薯，那時候有這個就非常好了，不然沒好吃呢！大家吃得好高興，小孩很簡單，這樣就能吃得津津有味。

白天做工，做到傍晚，一起走回萬安國小。洗澡時就是用一塊布圍起來，大家一起洗，晚上就說說笑笑，講鬼故事。剛來萬安國小時，大家都看到後面是墓仔埔，就說後面有很多鬼。晚上螢火蟲到處飛，大家都說那是鬼火。晚上把教室清空，睡在地板上，小孩子全部擠在中間，不敢睡門邊。其中有一個學生比較聰明，叫大家不要睡中間，因為鬼是用跳的，一跳進來，是跳到中間。最後沒人敢睡在中間，小孩就是很天真。

後來日本戰敗，就不用做飛機場了，那邊都光光了。光復後，外省兵仔來了，那個地方就是他們在那邊住、在那邊做工。現在去那邊看，地都還沒完全整平。」

當年的日軍機場位於今池上國中、臺糖牧野度假村一帶。這個戰備機場還沒有完工，日本就戰敗。昭和二十年，民國三十四年八月，日本無條件投降，二戰終結。對當時才六歲的玉蘭阿嬤來說，記憶中的改朝換代很寧靜，日本警察的喀喀皮鞋聲不再響起，新開園悄悄從昭和變成民國。之後，華福和銀廷伯伯隨著部隊來臺，銀廷伯伯在馬祖蓋碉堡、在金門值更，華福伯伯正在船艦上，在臺灣海峽防線邊來回巡防。

然後農場開發隊來到池上，許多退役榮民跟著來了。退役士兵成了基層勞工，在荒地中拓墾，華福伯伯是其中之一。農莊的榮民伯伯們每天集合上工，移走的大小礫石，用來砌成石牆。用牛車從海岸山脈運來一擔擔的客土，讓土變得肥沃些，然後種上甘蔗、鳳梨、稻米。

那個日治時代的神祕機場至今被綠林覆蓋，如今已感受不到任何關於機場的蛛絲馬跡。後來的榮民勞工們繼續在當年未完成的軍機場上開墾，但至今礫石依舊遍布。等不到反攻大陸，當年老兵一個個走了。許多辛苦開墾出來的田，再度被雜草野林覆蓋。農莊的住民越來越少，榮民伯伯搭築的石牆再度被掩沒在荒煙蔓草中，就如同當年那一個個不知爲何而戰的青春，如同這群人的時代命運。這片數度投入大量勞力卻又荒廢的土地上已經不知不覺堆疊了幾個世代，望著荒涼的農莊，想著那群被歷史遺忘的人們，對這些以場爲家的榮民伯伯而言，耗費多年青春的終日拓墾到底是爲了什麼？我們眼前所見的一片荒涼，埋葬許多人的一輩子與一個回家的夢。

從在地人關於奶奶的醬菜記憶開始，蔓延到五洲戲院的最晚場電影，還有烹煮池上便當米飯省柴火的祕訣。然後再從一個從未完工的機場開始，那裡藏有一個孩子甜美溫馨的戰末回憶，和許多榮民勞工的血汗青春。人們共同譜寫歷史，各自的生命經驗會因某地某事而交會，並且在時間的軌道上彼此接力。

八〇年代後，吳瑞益回鄉務農，簡博襄離開臺北，和太太一起接手經營老家的書局。人口老化腳步更加快速，青壯年人口不斷外流，孩子數量漸漸少，池上人漸漸老，接著樂齡繪畫班成立，退休的玉蘭、玉修、桂花阿嬤們開始拿起了畫筆，再度「上學」。然後仙蒂離開印尼的家鄉，來到臺灣，在吉瓜愛部落照顧當年的阿美族頭目。一直有人離開家鄉，也不時有人回到家鄉，但垃圾車音樂總是準時響起，準時出發收垃圾。就算人來來去去，這裡一切依舊，日復一日。

大坡池越來越小，農地越來越少，池上米產地認證標章成功推動，米價提高，伯朗大道紅了，媒體來了，觀光客來了，大坡池的火金姑在復育下又回來了，環境保護意識提高了，池上有了秋收稻穗藝術節，然後又有了池上穀倉藝術館。我們活在歷史的層層堆疊上，繼續一同創造地方記憶的網。在紀錄每個人的故事時，我想的是如何讓這個當下成爲永恆，想抓住永恆的這種意念，並非源自一個偉大的使命感或者想成就一個偉大的創作，而是尋找每個人之所以活著、工作著的最純粹理由。這些人都在某個地方低調地散發光芒，每道生命刻痕、每個念頭的轉折，都讓人人散發著一種關於生存的詩意。時光會不斷推移，人間風景會不斷變換，無論是關於一個人或者一個地方，故事永遠不會結束，總有某個關鍵的瞬間，產生了定錨未來的力量，一點一滴凝塑成一種精神上的永恆。

國家圖書館出版品預行編目資料

池上二部曲：最美好的年代／李香誼著. --初版.--臺中市：白象文化，2018.05
面；　公分.——
ISBN 978-986-358-642-5（平裝）
1.歷史 2.人文地理 3.臺東縣池上鄉
733.9/139.9/109.2　　107003704

池上二部曲：最美好的年代

作　　者　李香誼
校　　對　李香誼、林孟侃
專案主編　林孟侃
攝　　影　李香誼、吳家湝、簡博襄（依姓氏筆畫）
出版編印　徐錦淳、林榮威、吳適意、林孟侃、陳逸儒、黃麗穎
設計創意　張禮南、何佳諠
經銷推廣　李莉吟、莊博亞、劉育姍、李如玉
經紀企劃　張輝潭、洪怡欣
營運管理　黃姿虹、林金郎、曾千熏
發 行 人　張輝潭
出版發行　白象文化事業有限公司
402台中市南區美村路二段392號
出版、購書專線：（04）2265-2939
傳真：（04）2265-1171
印　　刷　基盛印刷工場
初版一刷　2018年5月
定　　價　280元